高校参与学习型城市建设的动力机制研究

陈伟 著

人民东方出版传媒
东方出版社
The Oriental Press

图书在版编目（CIP）数据

高校参与学习型城市建设的动力机制研究 / 陈伟著.--北京：东方出版社，2023.6

ISBN 978-7-5207-3457-8

Ⅰ.①高… Ⅱ.①陈… Ⅲ.①高等教育－参与管理－城市建设－研究－中国 Ⅳ.①G649.2②F299.2

中国国家版本馆CIP数据核字（2023）第085689号

高校参与学习型城市建设的动力机制研究
GAOXIAO CANYU XUEXI XING CHENGSHI JIANSHE DE DONGLI JIZHI YANJIU

责任编辑：	张晓雪　李小娜
出　　版：	东方出版社
发　　行：	人民东方出版传媒有限公司
地　　址：	北京市东城区朝阳门内大街166号
邮　　编：	100010
印　　刷：	北京铭传印刷有限公司
版　　次：	2023年6月第1版
印　　次：	2023年6月第1次印刷
开　　本：	787毫米×1092毫米　1/16
印　　张：	16.5
字　　数：	215千字
书　　号：	ISBN 978-7-5207-3457-8
定　　价：	61.00元
发行电话：	（010）85924640

版权所有，违者必究

如有印装质量问题，我社负责调换，请拨打电话：（010）85924640

代序 Preface

近十年来，我国学习型社会建设成效显著，学习型社会、学习型城市建设使得我国人民的精神面貌发生了较大的变化，全民学习、终身学习成为社会共识和积极行动。我国的学习型城市建设走在了世界前列，建设经验受到联合国教科文组织和各国的赞誉，中国经验为全球学习型社会建设作出了重大贡献。但从全国范围来看，高校服务于全民终身学习领域还存在相关认知不足、服务群体有限、服务内容与模式单一、质量不高等现实问题，而产生这些问题的主要根源在于高校参与学习型城市建设动力不足。

联合国教科文组织提出"利益相关者的治理和参与"是构建学习型城市的三大基本条件之一。本书聚焦当前我国高校参与学习型城市建设存在的现实问题，以建设学习型城市的利益相关者为视角，围绕高校参与学习型城市建设的动力展开研究，综合运用质性与量化研究方法，在提炼高校参与学习型城市建设的动力影响因素的基础上，构建相应的系统动力学模型，并通过仿真模拟，提出动力提升策略，使高校更好地服务于全民学习与学习型城市建设。

高校是城市和区域的文化高地，其所拥有的丰富的学习资源和人才优势，决定了高校在服务全民终身学习、建设学习型城市进程中将发挥日益重要的作用，但国内在这方面还鲜有系统或深入的研究。本书作者勇于"拓荒"，形成了具有启发性的研究成果，值得肯定。

黄　健

中国成人教育协会成人高等教育理论研究委员会理事长

2023 年 2 月 1 日

目 录

第一章 绪论 　　001
第一节 担当与使命：高校与学习型城市 　　003
第二节 内涵与外延：概念和术语界定 　　010
第三节 理论与视角：学习型城市建设的相关理论 　　016

第二章 高校与学习型城市建设历程 　　041
第一节 学习型城市评价指标体系的发展 　　043
第二节 高校参与学习型城市建设的相关研究 　　058
第三节 高校参与学习型城市建设的相关法律、政策 　　082
第四节 学习型城市大会梳理 　　089

第三章 高校参与学习型城市建设的动力影响因素 　　093
第一节 案例分析 　　095
第二节 动力影响因素框架的构建 　　120
第三节 研究设计 　　139
第四节 研究过程 　　147

第四章 高校参与学习型城市建设的系统动力学模型 　　165
第一节 高校参与学习型城市建设动力模型的系统分析 　　167
第二节 系统动力学仿真模型的构建 　　192
第三节 模型有效性检验 　　196

contents

第五章　模型模拟仿真与分析 ……… 201
　　第一节　基于系统动力学的动力模拟仿真 ……… 203
　　第二节　基于系统动力学的动力优化分析 ……… 213
　　第三节　动力提升策略 ……… 218

第六章　动力机制的构建 ……… 223
　　第一节　高校参与学习型城市建设动力的内生机制 ……… 226
　　第二节　高校参与学习型城市建设动力的外驱机制 ……… 230
　　第三节　高校参与学习型城市建设动力的可持续机制 ……… 234

第七章　结论与展望 ……… 241
　　第一节　高校参与学习型城市建设动力影响因素 ……… 243
　　第二节　高校参与学习型城市建设动力提升路径 ……… 245
　　第三节　研究展望 ……… 247

主要参考文献 ……… 249
附录：访谈提纲 ……… 257
后　记 ……… 258

第一章

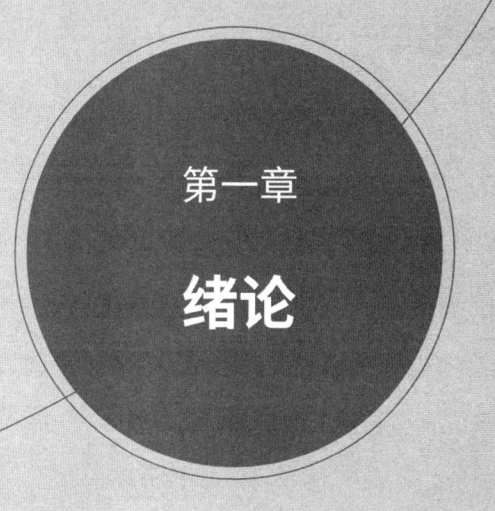

绪论

本章将阐述研究的背景和缘由，对研究所涉及的相关核心概念和术语进行界定，紧紧围绕研究主题，对学习型社会理论、利益相关者理论和系统动力学理论进行梳理和解读，并对相关理论在本研究中的适用性进行分析，为后面章节的研究开展和模型构建奠定理论基础。

第一节　担当与使命：高校与学习型城市

一、中华民族是一个热爱学习的民族

　　子曰："吾十有五而志于学，三十而立，四十而不惑，五十而知天命，六十而耳顺，七十而从心所欲，不逾矩。"（《论语·第二章·为政篇》）这段名言反映了孔子志向专一、执着探索、不断学习、完善自己的一生，也是我国古人终身学习理念的真实写照。《论语》道，"学而时习之，不亦说乎"，孔子以学成圣，"学"这个字，是贯穿于整本《论语》的核心之所在，反映了古人对学习的热忱与渴求。"博学之，审问之，慎思之，明辨之，笃行之"，这五个短句子出自《礼记·中庸》。《中庸》相传是孔子的孙子子思的作品，讲的是儒家的人性修养功夫。"学如弓弩，才如箭镞"，这句话出自于清朝的文学家袁枚写的《续诗品·尚识》，正如这句古语所说，学习是才能的引导，才能是学习的发挥，一个是基础，一个是表现；一个是过程，一个是结果。只有当学习的弓弩弯如满月，才能的箭镞才能飞似流星。学习是一个需要积累的过程，不可能一蹴而就，"贵有恒，何必三更眠五更起；最无益，只怕一日曝十日寒"，青年毛泽东曾以此自警自励。青年人正处于学习的黄金时期，更应该把学习作为首要任务，作为一种责任、一种精神追求、一种生活方

式，树立"梦想从学习开始、事业靠本领成就"的观念，让勤奋学习成为青春远航的动力，让增长本领成为青春搏击的能量。人民教育家陶行知先生全面系统地提出了全民教育和终身教育的思想，提出了"人民创造大社会，社会变成大学堂""造就好学民族"等一系列先进的思想和主张。2014年5月22日，习近平主席在出席亚信峰会后与外国专家座谈时，提出"中国要永远做一个学习大国"。习近平总书记《在欧美同学会成立100周年庆祝大会上的讲话》中说："梦想从学习开始，事业从实践起步。当今世界，知识信息快速更新，学习稍有懈怠，就会落伍。有人说，每个人的世界都是一个圆，学习是半径，半径越大，拥有的世界就越广阔。"

二、学习型城市建设成为我国重要国策

随着经济全球化的发展趋势席卷全球，5G信息化社会即将全面到来，世界各国正加快工业经济向知识经济的转型。在知识经济时代，构建学习型城市已经被人们认可，并在世界范围内广泛开展。社会发展的重要趋势之一是建设学习型城市，这既是"终身学习"理念在社会中延伸的结果，也是城市发展理念变革的时代产物，它既能满足广大市民对高品质生活的追求，又能满足人民日益增长的美好生活需要，还能推动城市的可持续发展。2021年10月27—29日，第五届国际学习型城市大会在韩国仁川延苏市举行，会议主题为"从紧急应对到迅速恢复：通过学习建设健康和韧性城市"。会议认为，"学习型城市"是一种城市现代化发展的新模式，其核心内涵是全民学习和终身学习。建设学习型城市的浪潮已经从西方发达国家扩展到全球范围，从发展中国家如墨西哥、巴西、南非，到韩国、日本、新加坡等都已加入到这一行列，并取得不俗的成绩。

根据我国最新的全国人口普查数据，我国城镇常住人口占总人口比重为63.89%，达到了90199万人。近10年来，我国城镇化率每年大约提高1.421%，随着这一指标的高速增长，未来会有越来越多的农民变成市民。预计到2035年，我国的城镇化率将达75%—80%，新增近4亿城镇居民，城镇化率与发达国家水平相当（见图1-1）。随着我国人民生活不断改善和经济实力的不断提升，人民日益增长的物质文化需求也越来越高，当前我国社会主要矛盾已经转化为人民日益增长的美好生活需要和不平衡不充分的发展之间的矛盾。在新型城镇化、疫情防控常态化、工业信息化的时代背景下，建设学习型城市既是提升城镇化质量、助力疫情防控和推动工业信息化的有效途径，也是提升市民生活品质和实现城市可持续发展的重要途径和动力源泉。

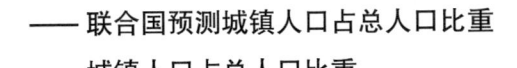

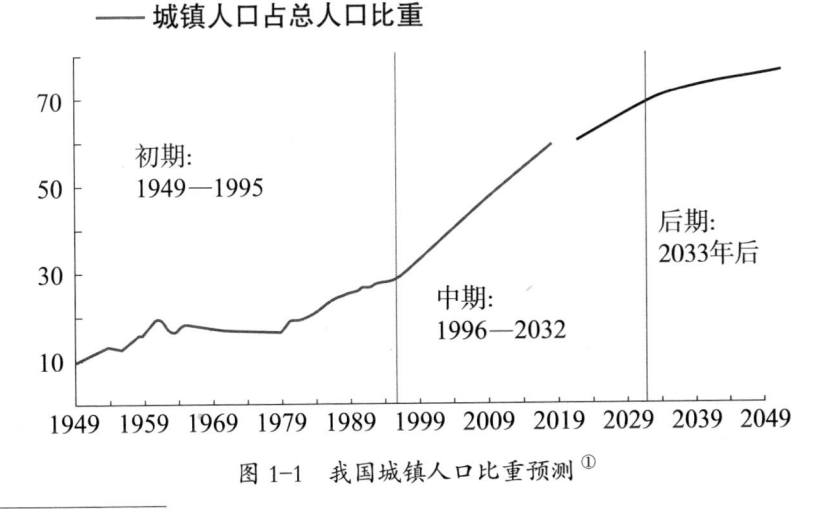

图1-1 我国城镇人口比重预测[①]

---

① 纪卓阳：《关于农民若干问题的探讨——对温铁军观点的商榷》，2022年3月23日，见 https://zhuanlan.zhihu.com/p/485814519。

党的二十大报告提出，"办好人民满意的教育……建设全民终身学习的学习型社会、学习型大国"。学习型城市建设已成为我国的重要国策，是我国加快构建终身教育体系和学习型社会的重要基石。教育部原部长陈宝生提出：构建服务全民终身学习的教育体系，拓展教育服务全民的宽度……丰富终身教育资源供给……完善终身学习体系，助力建设学习型社会，实现从一次终结性学历教育向终身教育转变。当前，我国正处于经济发展转型和产业结构优化升级关键时期，尤其需要高等教育提供有力的智力支撑。高等教育也正在从外延发展转向以提升质量为主的内涵发展阶段，"双一流"建设如火如荼，高等教育将迎来新一轮跨越发展机遇期。有必要就高等教育如何更好地参与学习型城市建设开展深入研究。我国"十四五"发展规划和2035年远景目标纲要指出要完善终身学习体系，建设学习型社会。

习近平总书记高度重视教育评价改革，就深化教育评价改革作出一系列重要指示批示，特别是在2018年9月10日全国教育大会上进行了集中论述，明确提出要"深化教育体制改革，健全立德树人落实机制，扭转不科学的教育评价导向，坚决克服唯分数、唯升学、唯文凭、唯论文、唯帽子的顽瘴痼疾，从根本上解决教育评价指挥棒问题"。2020年9月22日，习近平总书记在教育文化卫生体育领域专家代表座谈会上强调，要抓好深化新时代教育评价改革总体方案出台和落实落地，构建符合中国实际、具有世界水平的评价体系。习近平总书记的重要讲话为深化新时代教育评价改革指明了前进方向，提供了根本遵循。

中共中央、国务院印发的《深化新时代教育评价改革总体方案》指出：教育评价事关教育发展方向，有什么样的评价指挥棒，就有什么样的办学导向。《深化新时代教育评价改革总体方案》是新中国第一个关于教育评价系统性改革的文件，为教育发展与评价定向、定调、定位。该方案里重点任务之一"改进高等学校评价"中提出"探索开展高校服务全民终身学习情况评价，促进学习型社会建设"。"服务全民终身学习"需发挥高校继续教育的重要支撑作用，同时构建服务全民终身学习的教育体系需要政府、学校、社会共同发力。在中国，建设学习型城市已经成为一项重要的战略任务。

三、高校在构建学习型城市建设中扮演着越来越重要的角色

在社会转型和经济结构调整的时代背景下，城市发展面临新的困境，国内外教育专家、学者通过研判人类社会的发展动向和未来趋势，一致认为，教育是应对各类挑战的重要战略与基本路径，学校则是帮助地方和地方政府建立学习型城市和地区最强大的潜在盟友。UNESCO高等教育委员会曾预测"Universal University"能够"使自身的知识资源和独立思想在全国和全球范围内传播及使用，以此来促使人们讨论社区中的诸多社会问题，从而提升人们对此类问题的意识"。东伦敦大学副校长迈克尔·索恩（Micheal Thorne）教授说："英国要想在未来的全球竞争中胜出，那么继续教育、高等教育和私营部门之间需要形成战略伙伴关系，确保经济规模得以扩大、网络和基础设施得以开发，从而促进学习者能够获得有成效的学习。"昆士兰大学社区服务和研究中心前任高级讲师丹尼斯·雷根札妮（Denise Regenzhani）认为："大学应该融入社区——无论社区外在环境如何，大学需要帮助社区理解和解决问题，激励人们为彼此工作，从而创造一个生机勃勃和动态十足的社区。"圣科伦巴学院的使命声明如下："我们寻求成为一个

卓越的学习中心，为社区服务。学校生活从上午 8:00 开始到下午 4:00 就结束的生活将走向终结。"《终身学习在行动》建议每个学校都应该雇用具有高度责任感的员工，以便调动社区内所有可用的资源——人力、金融、体育、文化和环境，然后投入到学校的服务中。高校具有——人才培养的职能，为社会输送优秀人才，作为人才培养的基地，是建设学习型城市的中坚力量，在学习型城市建设中毫无疑问地占据着重要角色。

2019 年突如其来的疫情对各级各类学校的日常教学造成了较大影响：幼儿园放假、中小学停课停学和高校停止线下授课等。为应对疫情给高校正常教学带来的冲击，确保停课不停学，教育部印发《关于在疫情防控期间做好普通高等学校在线教学组织与管理工作的指导意见》，明确提出为实现"停课不停教、停课不停学"，各高校应充分利用慕课等在线教育平台，整合在线课程教学资源，创新教学模式开展线上教学活动。同时，要积极探索各类线上授课和线上学习等新理念和新做法，提高在线授课和学习的成效。在抗击新冠肺炎疫情过程中，很多人积极学习疫情防控的知识，保护了自己与家人的健康。疫情防控已经进入常态化阶段，如何打造更好的在线教育平台，共享更多教育资源，构建良好的终身教育体系，通过教育提升全民素质，增强抵抗风险的意识和能力，高校参与学习型城市建设会变得更有意义。

四、高校参与学习型城市建设的动力不足且研究缺失

建设学习型城市作为我国的重要国策之一，在国家发展规划中占据

重要地位，社会各方需要积极响应该项政策，为我国学习型城市建设注入合适的动力。高校作为国家未来人才培育这一任务的重要承担者，需要在学习型城市建设这一发展规划中承担重要角色。高校自身的教育职能与学习型城市建设之间存在多种共性，在学习型城市建设过程中的多种时候都需要承担模范带头作用，通过影响他人不断让每一个人了解学习型城市的内涵，提升每一个人对于学习型城市这一概念的认同感，从而更好地作用于社会实际环境。在现实中，高校参与了学习型城市建设，并且根据其基本职能也发挥了一定的作用，但是动力还有待进一步加强。现有研究虽涉及高校参与学习型城市建设动力这一主体，且对高校在学习型城市建设这一过程中所需要的动力机制进行过相关分析，但对这类问题的量化实证研究相对较少，大多数研究通常采用定性手段进行，缺乏实证模型和实证数据，无法进行数据分析并验证自己的假设与结论。

第二节　内涵与外延：概念和术语界定

一、高校

关于高校，《中国大百科全书》给出的定义是建立在中等教育基础上的各种专业教育。[①]《中华人民共和国高等教育法》将大学、独立设置的学院、高等专科学校皆列为高校。[②]高等学校是本科院校、专门学院和高职高专学校的统称，简称高校。高等学校主要分为普通高等学校、职业高等学校、成人高等学校。

普通高等学校是指按照国家规定的设置标准和审批程序批准举办的，通过全国普通高等学校统一招生考试，招收高中毕业生为主要培养对象，实施高等教育的全日制大学、独立设置的学院和高等专科学校、高等职业学校和其他机构。其中大学、独立设置的学院主要实施本科层次以上教育；高等专科学校、高等职业学校实施专科层次教育；其他机构是承担中华人民共和国的国家普通招生计划任务的机构，包括普通高等学校分校和批准筹建的普通高等学校等。[③]

[①]《中国大百科全书》，中国大百科全书出版社 1996 年版，第 1497 页。
[②]《中华人民共和国常用法律大全》，法律出版社 2004 年版，第 686 页。
[③]《普通高等学校设置暂行条例》，2022 年 4 月 22 日，见 http://www.moe.gov.cn/jyb_sjzl/sjzl_zcfg/zcfg_jyxzfg/202204/t20220422_620525.html。

为提高研究的针对性和有效性，本研究所指的高校为"普通高等学校"。

二、学习型城市

学习型城市的概念来源于教育城市（Education Cities）推动计划，该计划是由经济合作与发展组织（OECD）于1973年组织实施。1992年，第二届"国际教育型城市大会"正式提出"学习型城市"这一概念术语，认为城市是实施终身学习的最佳载体。同年，在瑞典哥德堡召开的国际学习型城市会议上，"学习型城市"以专业术语的形式正式出现，该会议将建设学习型城市计划列入研究行动议程。由此，学习型城市从行动计划到概念术语再到专业术语，一步步从抽象到具象，引起了人们的极大关注。2010年，基于对欧洲五国的调查，经济合作与发展组织于2010年将学习型城市定义如下：学习型城市的核心是创新和学习，建设学习型城市的目的是寻求经济社会的持续发展，主要途径是结合终身学习、创新以及创造性地运用信息和通信技术。首届国际学习型城市大会通过的《北京宣言》认为，在全民学习背景下，应该重视城市的包容、繁荣和可持续发展。[1]2015年，第二届国际学习型城市大会发布的《墨西哥城声明》积极倡导世界各地推进终身学习，尤其强调青年人应作为各地学习型城市建设的参与群体与服务对象，提出建设学习型城市作为实现可持续发展的重要路径，强调跨部门协作机制对于学习型城市建设

---

[1] 樊小伟：《可持续学习型城市的内涵及启示》，《成人教育》2014年第7期。

的重要价值。①

20世纪90年代，欧洲终身学习创协（European Lifelong Learning Initiative）发起过一个讨论："学习型城市是什么？它如何界定自己以及如何与那些尚未与时俱进的城市进行区分？"《欧洲终身学习年》（*European Year of Lifelong Learning*）论述了学校、大学、商业、工业和政府在实施终身学习原则方面所产生的结果，他们共同工作，能够潜在地推动社区和城市发展。欧盟委员会的"迈向欧洲学习型社会"（Towards a European Learning Society）项目对"学习型城市"建设进行监控和测量，并确定了学习型城市的主要指标：构建学习型城市的承诺，信息和沟通，合作与资源，领导力开发，社会包容，环境和市民意识，技术和网络，创造财富、就业和就业力，动员、参与和公民的个人发展，学习活动和家庭参与。联合国教科文组织于2012年发布了"全球学习型城市评价指标体系初步框架"，旨在推进全球的学习型城市建设，并使建设过程更加富有意义，整个评价指标体系由三级指标构成，共包括60项指标。具体包含三大建设目标：强化个人能力和社会融合、经济发展和文化繁荣、促进永续发展；六大建设支柱：提升教育体系的全面学习机会、活跃家庭和社区学习、促进职场学习、扩展现代化学习科技、提升学习品质和创造充满活力的终身学习文化；三大基础保障：强烈的政策决心与承诺、促进所有利害关系者的管理与参与促进资源和流动。② 学习型城市建设在世界范围内得到了广泛的响应和支持，在一些开展较早的国家取得了成功的案例，在理论和实践层面积累了有益的经

---

① 黄健：《学习型城市建设：全球目标与地方行动——第三届国际学习型城市大会回溯》，《终身教育研究》2018年第1期。
② 谢浩：《学习型城市评价工具的国际比较研究》，《开放学习研究》2017年第3期。

验。英国构建了相对健全的保障体系；德国采取了持续的项目推动措施；瑞典和新加坡的建设理念分别为"绿色、学习、创新"和"思考型学校 学习型国家"。国外这些成功的案例和经验推动了学习型城市的建设进程，可为我国开展学习型城市建设的理论和实践探索提供一定的参考和借鉴。

从世界范围内学习型社会和学习型城市建设和发展的脉络看，本研究认为学习型城市建设有以下特征：第一，强调终身学习的重要性和必要性；第二，强调参与对象的广泛性；第三，强调过程的可持续性；第四，强调方法手段的创新性。基于此，本研究认为：学习型城市是在知识经济背景下，学习型社会在城市领域的具体反映和体现，是工业经济向知识经济转化的必然产物，是基于人全面可持续发展的城市新形态和新趋势。

三、高校参与学习型城市建设

基于前文所述高校和学习型城市的基本概念的解析，本研究所指的高校参与学习型城市建设的具体内涵是：高校在做好章程、规划和相应制度等的基础上，领导重视，广大教职工积极参与，合理配置专职机构、场地和人员，积极争取政府、社会、企业等在政策、资金、技术和舆论等方面的支持，有效运用在线教育等新技术手段，通过开放教育资源、网络（在线）教育、老年教育、社区教育和社区服务等途径提升教育覆盖面、构建学习型组织、激活终身学习、提升学习效率、拓展学习渠道、提高教育质量、营造学习文化，实现市民个体能力提升、促进社会和谐以及实现城市可持续发展的一系列活动。

四、动力机制

《现代汉语词典》对"机制"的解释包含四个方面：机器的构造和工作原理；机体的构造、功能和相互关系；某些自然现象的物理、化学规律；一个工作系统的组织或部分之间相互作用的过程和方式。[1]《辞海》中对"机制"的解释包含三个方面：用机器制造的；有机体的构造、功能和相互关系；一个工作系统的组织或部分之间相互作用的过程和方式。[2]《牛津词典》对"机制"的解释是：机械装置或机体的结构和共同作用。《韦伯斯特大词典》对"机制"的解释是：现象和行为的固定模式、统治或管理办法和政府或管理机关的形式。随着第二、三次工业革命的兴起，系统论和系统科学的研究方法被广为采用，作为系统重要构成的"机制"日渐被学术界重视。王杰认为机制的含义主要体现在以下几个方面：第一，机制有其内在规律性，与简单的表面现象是有区别的，是透过表面现象达到对事物内在规律的认识；第二，机制强调视角的整体性，不仅是一般规律的总结，而且要求从整体的视角探求研究对象各组成部分的联系和互动，探究的是整体视角下组成结构和互动关系的规律；第三，机制强调结果的权威性，机制一旦形成便具有强大的约束力。[3]郑杭生（1998）认为机制有三个层面的含义：一是功能层面，即事物在有规律性的运动中发挥的作用、效应；二是原理层面，即发挥功能的作用过程和作用原理；三是结构层面，即事物各组成要素的相互联系。[4]

---

[1] 中国社会科学院语言研究所词典编辑室：《现代汉语词典》，商务印书馆2016年版，第600页。
[2] 《辞海》第2卷，上海辞书出版社2009年版，第1000页。
[3] 王杰：《国际机制论》，新华出版社2002年版，第65页。
[4] 郑杭生：《社会学概论新修》，中国人民大学出版社1998年版，第76—77页。

动力机制（Dynamic Mechanism）指的是在一个事物中处于推动事物发展变化的构造、功能和原理，或是指一个事物赖以运动、发展、变化的不同层级的推动力量以及它们产生、传输并发生作用的机理和方式。[①] 本研究认为推动事物产生运动、保持运动和加速运动的动力来源有三个方面：一是事物内部诸多动力影响因素之间的矛盾，二是事物与外部影响因素的矛盾，三是内部与外部影响因素的互动。因此，动力机制的内涵包含三个层面：一是指事物内部要素、系统之间相互作用的方式与机理，这是事物发展的原动力；二是指事物与外部环境之间一系列相互作用的方式，能够在原动力的基础上对事物的运动和发展予以加速；三是动力机制的可持续，可以使事物的发展从自发走向自觉，从被动转向主动，从主动走向可持续。

本研究中高校参与学习型城市建设的"动力机制"是指，推动高校参与学习型城市建设发生、变化、发展和可持续，并且使参与活动能够产生、增强和可持续的作用机理及其相互作用方式。其具体包含三个方面的内涵：一是高校内部各动力影响因素、各部分、各环节之间的作用机理与方式，内部动力机制对事物的变化发展起主导作用；二是高校作为一个整体与外部环境之间的作用机理与方式，外部影响因素对其变化和发展起驱动和制约作用；三是高校内外部的动力影响因素有效互动形成持续向前的推动力，从而实现可持续作用。

[①] 王浩斌:《马克思主义中国化动力机制研究》，中国社会科学出版社2009年版，第98页。

第三节 理论与视角：学习型城市建设的相关理论

一、学习型社会理论

《第五项修炼》（The Fifth Discipline）这本管理学著作是由美国学者彼得·圣吉（Peter M.Senge）所写，学习型组织的相关思想正式诞生于这本书中。此后学习型组织理论在业界掀起热烈讨论，成为管理学研究的热点话题。圣吉认为可以提升学习效率是学习型组织的优势，同时还可以帮助突破学习的极限，从而有效提升学习能力，达到提升个人素养和超越人类原有能力的结果，其产生的结果将会是人最终所希望得到的。正如书名"第五项修炼"所言，这种组织方式包括自我超越、改善心智模型、建立共同愿景、团队学习和系统思考五个主要方面，而学习型组织中形成的一种前所未有的、超前的、广泛开阔的思考方式正是其培养目标。加尔文（Calvin）则在此之上进一步提出了相关观点与理论，他认为学习型组织的指导思想是新知识与新见解，而其目的则是善于获取与转移知识，并且在组织中应该一直存在一种勇于修正自身行为的风气。科姆（Kim）认为组织需要有意识地鼓励组织中成员，引导组织成员自发开展学习行为，从而提升整体的学习能力，当满足这些条件的时候，这一组织可以被称为学习型组织。我国的国家经贸委曾经召开大型研讨会，进一步研讨什么才是学习的目的与条件，什么样的方式与机制才适合学习，最终提出了以下六个重要的组成要素：理念和机制（终身学习）；学习系统（多元回馈与开放）；组织氛围（共享与互动）；学习力（共同愿景）；工作（学习化）；学习（工作化）。从以上六点可以得出，学习力将是学习型组织的一个重要组成部分，而生命的意义有一种便是学习，创新行为则是在经过学习行为之后所产生的一项重要的结果。学习型组织是一种宏观的管理理论，其适用于企业，也不仅限于企业，社会的其他组织形式同样可以使用适合时代发展的学习型组织来帮助自己实现自身的发展。

综上，使组织形成自我学习机制是学习型组织的核心，而学习型组织的精神则是学习、思考以及创新，特征是系统的思考，基础是团队写作，为了适应不断产生的新的知识和见解，组织中的个人必须不断对自身的行为进行修正，组织最终将会熟练地使用、创造、获取和传播知识。正向转换是学习型组织的一个重要特点，建立学习型组织一方面可以提高组织绩效，另一方面新的生机与活力同样会注入组织中去，人的思维的整体发展将会成为学习型组织的常态。由于学习型组织是学习型社会最小的子集，所以两者的概念与思想存在许多相似之处。学习型社会这一概念的历史可以通过其理论框架的发展来进行追溯，同时学习型社会的概念也伴随着其理论框架的发展变得越来越复杂。由于学习型社会的概念非常适合于近年来去中心化的时代潮流，而当前的教育形式也逐渐不限于诸如学校一类的正规教育机构，教育形式也随之更加多样并且分散，学习型社会的概念也值得引起更多的重视，同时这一概念本身也将会变得更加复杂。

在这种社会背景下，美国学者罗伯特·赫钦斯基于永恒主义教育哲学思想、自由教育理论和终身教育理论等方面，正式提出了学习型社会这一理论。《学习型社会》是由罗伯特·赫钦斯在1968年出版的读物，在这一书中作者集中讨论了人和教育对于社会发展的影响，并且认为人本身才是这些对象的核心，第一次系统地提出了学习型社会的相关概念。他认为，在学习型社会的背景下需要将自由教育的思想理念更好地传达给国家和人民，社会各界人士通过学习各式各样的知识与技能，提升整体公民的综合素质，进而促使每一名社会公民的人性得到最完美升华。在此过程中，整个社会价值都可以实现成功的转变，国家的整体发展将更加符合现实背景，实现长久的可持续发展。教育民主化思想很好地体现在赫钦斯关于学习型社会理论的阐述中，赫钦斯认为教育不应该仅限于特权阶层中，它应该适用于社会各个阶层，在社会生活的方方面面都应该有所体现，教育应该是每一个公民的基本权利。除此之外，学习型社会这一思想也充分体现在赫钦斯对于人类整个理性智慧的思考，他致力于倡导公民的终身学习，期待着教育可以帮助实现整个社会的融合，任何一个人都应该坚持并且追求学习型组织、学习型社区、学习型城市及学习型社会的建设。学习型城市的相关思想以及理论正式萌发在赫钦斯的学习型社会理论中，这也是学习型城市理论诞生的基石。

将这个框架放到更加现代化的背景上，可以看出对"学习型社会"的要求是对更广泛的全球化问题的回应，即发达国家越来越依赖于掌握先进知识的知识型工人而不是传统制造业，现在发达国家通常会将这些传统制造业的业务外包给发展中国家，因此需要这些发达国家的劳动力适应性变得更强，特别是考虑到被视为知识经济核心的新技术发展，传统工人将会逐渐被淘汰，取而代之的将是这些掌握新技术的知识型工人。①通过这样一种模式,学习型社会的概念将会慢慢覆盖到全球其他国家和地区,就同全球市场上的任何其他产品一样,这符合世界银行的理念,即学习和教育是提升发展、发扬正义、改善环境、消除贫困与全球恐怖威胁的核心。

而后学习化社会的研究学者们则是对学习化社会的表述提出了他们各自的看法,这些观点经过整理总结可以整个表述为如下五个方面:第一,学习将不再是少数精英分子的权利,它应该属于社会中的每一个人,无论出生如何、性别如何、种族如何、收入是什么样的水平、居住在哪一个地区,教育要成为人的一项基本权利,而且这种权利应该伴随每一个社会中的人的一生,成为每一个人的权利与义务。第二,应该积极建设终身教育制度,积极建设终身教育体系,学习化社会需要合适的制度与体系进行相应的支撑。第三,学习化社会应该超越学校的范畴,②教育的范围应该比起诸如中小学等传统的正规教育机构要更加广泛,教育功能应该超出学校教育的范畴,应该扩充到诸如居住场所、工作地点、科学中心、博物馆、美术馆和图书馆等任何可以实现自我学习的地方。第四,学习的相关理论与展开应该要坚持以人为本的核心观点,以此来确保学习者可以充分地利用有利环境来实现自身的发展。教育活动的基本方式应该是坚持"学习者中心"的理念,以此来取代传统的"学校中心""教师中心"等传统的教育思想。第五,对学习的参与不能只有群体,每一个个体也需要充分地进行自发且持续的学习行为。学者胡

---

① P. Jarvis, "Globalisation, the Learning Society and Comparative Education", *Comparative Education*, Vol.36, No.3(2000), pp.343-355.
② 高志敏等:《终身教育、终身学习与学习化社会》,华东师范大学出版社2005年版,第46—87页。

梦鲸认为学习应该有多方面奖励，学习化社会的奖励需要满足如下的几个层面才可以顺利地进行：个人层面、家庭层面、组织层面、社区层面、政府层面、整个学习的网络层面，需要满足以上六个层面，即学习应该是方方面面且不分地点的。学习化社会不仅有助于个人层面的发展，而且有利于整个社会的前进。学习化社会是一种有利于社会中每一个人进行学习且自我提升的社会环境，从而使得社会中的每一个人都得到充分的资源去进行学习，以此来实现整个社会的发展与个人自我价值的实现。

二、利益相关者理论

（一）利益相关者的概念

"利益相关者"（Stakeholders）最初来自于经济学。最早对利益相关者进行定义的是斯坦福研究中心的研究人员。1963年受"股东"（Shareholder）的启发，斯坦福研究中心的研究人员用"利益相关者"（即与企业和组织有密切联系和往来，且能对企业和组织的发展起到重大影响的人）来表示与企业和组织有密切关系的所有群体。雷恩曼（Rhenman）和安索夫（Ansoff）对该理论进行了首创性研究。此后，经过弗里曼（Freeman）和多纳德逊（Donaldson）等一系列学者共同努力，利益相关者的理论框架逐步完善。[1]《战略管理：利益相关者方法》正式提出利益相关者理论，认为利益相关者与组织环境密切相关，个人或群体与组织之间通过决策、政策、目标和行动产生相互的支持和影响关系，

---

[1] 李洋、王辉：《利益相关者理论的动态发展与启示》，《现代财经-天津财经学院学报》2004年第7期。

利益相关者能够影响或受到组织目标实现影响的任何群体或个人。通过利益相关者理论，能分析组织有效性与企业目标达成的相关影响因素，同时了解个人、群体与组织三者之间的相互影响关系，利益相关者理论不仅关注内外部的利益相关者，而且关注其他与组织有联系的利益相关者。[1] 随着利益相关者理论研究的不断深入，出现了诸多利益相关者的定义，对其中主要部分进行归纳（见表1-1）。

表1-1 利益相关者的不同定义

序号	相关定义	研究机构或学者
1	没有利益相关者的支持，组织就不可能正常运转，甚至面临生存危机。	斯坦福研究中心（1963）
2	企业也依靠他们来维持生存，而个人依靠企业来实现其目标。	雷恩曼（1970）
3	参与者依靠企业去实现自己的利益和目标，而企业也必须依赖他们来实现生存和发展。	阿尔斯泰特和亚赫努凯宁（1971）
4	既能够被组织实现目标的过程影响，也能够影响一个组织目标实现的人。	弗里曼（1984）
5	是那些与企业有合约关系的要求权人。	科奈尔和夏皮罗（1987）
6	对该企业有要求权，或者说是他们企业中有一笔"赌注"（stake），权利因公司活动而受到尊重或受到侵犯的人，或是因公司活动受益或受损的人。	伊万和弗里曼（1988）

---

[1] 赵静:《乡村旅游核心利益相关者关系博弈及协调机制研究》，博士学位论文，西北大学，2019年，第15—23页。

续表

序号	相关定义	研究机构或学者
7	没有他们的支持，组织将无法生存。	鲍威尔（1988）
8	是那些保证公司正常运行的关键人，对公司负有责任的人。	阿尔卡法奇（1989）
9	能以所有权或法律的名义对公司行使权力，包括人事、债务、资产或财产等。	卡罗（1989）
10	是与企业有合约、合同或契约关系的人。	弗里曼和伊曼（1990）
11	是与某个组织有关系、合作或者利益联系的人。	汤普逊等人（1991）
12	他们的利益受组织活动的影响，并且也有能力影响组织的活动。	斯威齐等人（1991）
13	他们向企业提供关键性资源，通过一个交换关系的存在而建立起来，借以换取其个人利益目标的满足。	黑尔和琼斯（1992）
14	为实现价值创造而联合企业的人为过程参与者。	弗里曼（1994）
15	赋予公司意义，与公司发展相关联，与公司生存休戚与共的。	威克斯等人（1994）
16	对企业有道德或法律上的要求权；企业应对其收益承担明显的责任。	朗特雷（1994）
17	能被企业活动所影响又能够影响企业。	布瑞纳（1995）
18	是那些在公司本身有合法利益的人或团体，并且在公司活动过程中受到影响。	道纳尔逊和普瑞斯顿（1995）

对高等教育利益相关者概念的界定，我国学者的思路主要体现在两方面：一是根据利益相关者定义直接推导出高等教育中的利益相关者；

二是借鉴已有定义演绎出高等教育利益相关者的概念。根据第一种思路，李仕云认为高校利益相关者是指被高校影响着的，在高校发展过程中影响高校目标实现的个人和群体。[1]潘海生认为我国大学利益相关者主要有学校行政人员、教师、学生、学生家长、政府、校友和企业等。[2]刘宗让也认为那些被大学战略实现过程所影响的个人或群体，能影响大学战略实现的即为大学利益相关者。[3]李超玲、钟洪认为大学的利益相关者主要包括政府、管理层、教师、学生、社区、学生家长、校友、债权人、捐赠者、中间组织以及各种特殊利益团体。[4]胡赤弟认为对大学有一定的"投入"是成为高校利益相关者的前提，高校利益相关者是能对高校产生一定影响，并能获得一定利益的个人或群体。[5]本书认为，李超玲、胡赤弟等学者对高校利益相关者的界定从"投入""资源"等角度展开，使该概念的内涵更加具体，借鉴意义更强。

（二）利益相关者的分类

弗里曼认为当群体或者个人具有可以影响组织目标实现的能力，或是会被组织目标的实现影响时，可以将这些群体或者是个人定义为利益相

---

[1] 李仕云、高山：《基于利益相关者的高校治理结构研究》，《经济研究导刊》2012年第8期。
[2] 潘海生：《作为利益相关者组织的大学治理理论分析》，《中国地质大学学报》2007年第9期。
[3] 刘宗让：《大学利益相关者利益要求与实现方式的实证研究》，《现代教育管理》2012年第7期。
[4] 李超玲、钟洪：《基于问卷调查的大学利益相关者分类实证研究》，《高教探索》2008年第3期。
[5] 胡赤弟、田玉梅：《高等教育利益相关者理论研究的几个问题》，《中国高教研究》2010年第6期。

关者。米切尔（Mitchell）等[1]学者通过对1963—1995年相关学者对利益相关者定义资料的收集与整理，对相关理论进行总结，发现前人的定义主要可以总结为三个影响要素，分别为影响力、合法性、紧迫性。其中，影响力是指个体或者群体影响组织决策的权力，合法性是指个体或者群体与组织关系是否合法，紧迫性是指对业务的时间要求是否宽松。在此基础之上，米切尔还从不同角度对利益相关者理论进行辨别，分别从广义与狭义的角度，对利益相关者进行了分类，将三种属性作为分类标准，即合法性、紧迫性和权力性，将密切关系的利益相关者分为三类，当利益相关者同时具有合法性、紧迫性和权力性特征时，该利益相关者被分类为决定型利益相关者，如图中⑦所示；当利益相关者具有合法性、紧迫性和权力性特征中的两个时，这时其可被称为预期利益相关者，包括：④支配利益相关者、⑤危险利益相关者、⑥依存利益相关者；当利益相关者只满足合法性、紧迫性和权力性特征的一个时，这时其可被称为潜在利益相关者，包括：①休眠利益相关者、②裁量利益相关者、③要求利益相关者。该种分类方式是当前学术界非常权威的分类方法，得到了众多学者的有力支持与推广，详见图1-2。该分类方法具有较好的可操作性，不同特征的利益相关者通过该分类方法可以得到充分考量和区分，不同利益相关者之间的特征区别可以充分表现，该分类方法也很好地总结和提升了过去众多的利益相关者理论，有利于推动利益相关者理论的未来发展。

---

[1] R. K. Mitchell, B. R. Agle, D. J. Wood, "Toward A Theory of Stakeholder Identification and Salience: Defining the Principle of Who and What Really Counts", *Academy of Management Review*, Vol.22, No.4 (1997), pp.853-886.

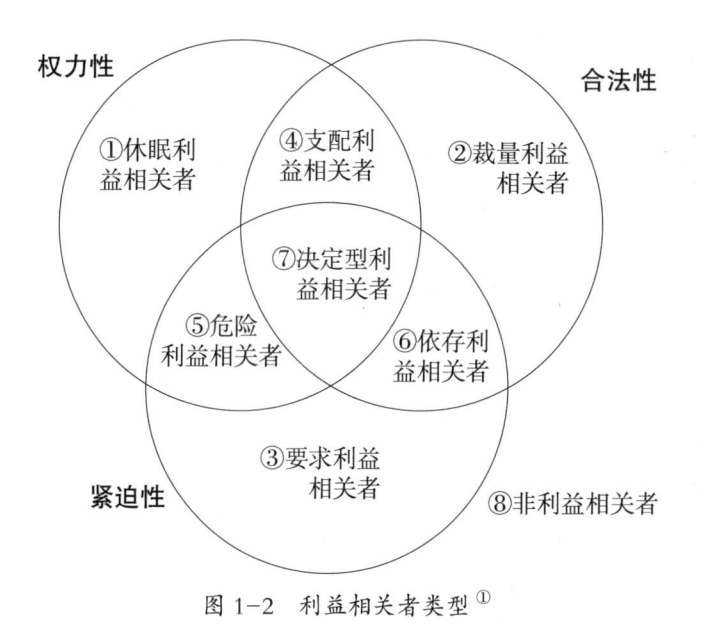

图 1-2 利益相关者类型[①]

（三）利益相关者的分类标准

本研究根据不同学者的研究范围和对象特点，按照宽泛或者狭窄的标准对不同研究定义进行相应的分类。为了提升理论的实践指导意义，需要从不同的实践指导性角度出发，对理论重新进行更加深层次的分类，按照抽象性、普适性加以细分，以此来提升利益相关者理论的整体通用性，让合适的人找到适合自己的利益相关者理论定义去更好地应用于自身的实践，以此来更好地实现组织目标、个人发展与社会责任。实践活动经过高度抽象之后便是相应的理论体系，理论需要从事件中产生和发展，同时理论需要在最终阶段应用于指导实践才会产生现实意义，理论研究的价值才能体现。理论体系便需要

---

① R. K. Mitchell, B. R. Agle, D. J. Wood, "Toward A Theory of Stakeholder Identification and Salience: Defining the Principle of Who and What Really Counts", *Academy of Management Review*, Vol.22, No.4(1997), pp.853-886.

实现自身的自我完善，目的是提升实践质量，创造更多的现实价值。一方面，学者们通过分析不同类型利益相关者在不同企业中所产生的影响，并在相关理论研究与实践探索中予以检验，发现根据利益相关者的特征不同，对企业造成的影响也存在差异性；另一方面，因每个企业自身都具有一定的独特性，企业的制度结构和环境制度会因为企业生存和发展经历的不同而形成不同结果，不同类型的利益相关者会因各个企业所特有的结构与制度而产生不同影响，包括各自的影响程度也存在一定差异性。对此，合适的分类标准的确立，建立好的利益相关者理论才具备足够的可操作性，在实践中才能更好地发挥出理论优势。下面将选取一部分有代表性的利益相关者分类标准作一简单梳理和总结，见表1-2：

表1-2 利益相关者分类标准汇总

序号	学者	分类标准及内容
1	梅森（Mason）和米特罗夫（Mitroff）	梅森和米特罗夫认为公司内部和外部的索取者就是公司的利益相关者，他们能够产生具体的影响并依次被政策所影响，对公司发展、问题及解决的方法有既得的利益。据此提出分辨组织利益相关者的维度为：组织、社会参与、职责、地位、舆论导向、名望、人口、统计学。[1]
2	查卡姆（Charkham）	查卡姆将利益相关者分为两类：公众型和契约型，划分的依据是企业与利益相关者之间是否存在交易性合同关系。[2]

---

[1] 王龙：《利益相关者理论视域下中国高考制度的演进》，博士学位论文，南京师范大学，2016年，第18—30页。

[2] J. P. Charkham, "Corporate Governance: Lessons from Abroad", *European Business Journal*, Vol. 4, No. 2(1992), pp.8-16.

续表

序号	学者	分类标准及内容
3	卡拉克森（Clarkson）	卡拉克森将利益相关者分为两类：主要的利益相关者，影响企业的生存；次要的利益相关者，对企业生存没有决定性影响。划分的依据是利益相关者与企业联系的紧密程度。[1]
4	惠勒（Wheeler）	惠勒将利益相关者分为首要的社会利益相关者、次要的社会利益相关者、首要的非社会利益相关者和次要的非社会利益相关者。划分依据是社会维度的紧密型差别。[2]
5	米切尔（Mitchell），阿格尔（Agle），伍德（Wood）	从三个维度区分利益相关者关系，即影响力、合法性和紧迫性。至少要满足以上三个维度的其中一个维度要求才能成为企业的利益相关者。将企业利益相关者划分为三种类型，即确定型、预期型、潜在型。划分的依据为维度判断和打分。同时具备三个维度属性的是确定型；同时具备三个维度中的两种属性的是预期型；仅具备三个维度中的一种属性的是潜在型。

从上表可以看出，20世纪80年代以来，"多维细分法"和"米切尔评分法"成为学者们研究的重点。其中，"多维细分法"的代表观点包括梅森和米特罗夫等人的，上表中的序号1—4都是该方法相关内容；"米切尔评分法"的分类方法可以在序号5中找到相关内容。尽管专家存在分类标准差异较大，导致分类结果具有较大差异的情况，但总体仍呈现三种主要划分方式。

---

[1] Max E. Clarkson, "Stakeholder Framework for Analyzing and Evaluating Corporate Social Performance", *Academy of Management Review*, Vol. 20, No. 1(Jan. 1995), pp.92–117.
[2] 王龙：《利益相关者理论视域下中国高考制度的演进》，博士学位论文，南京师范大学，2016年，第18—30页。

第一，从利益相关者视角，基于获取利益的手段、方式或制度保障进行划分。在这一视角下，理论强调的利益是"利益相关者受组织影响的利益"，该视角下的分类过程，是从利益相关者角度出发，对各个利益相关者在所处组织关系中的位置、与组织间的关系进行分类。在该标准下对各种利益相关者理论进行分类，所涉及的分类指标体系包括：利益相关者的地位、职务、职称、学历、声望、社会兼职以及以合同协议为主要形式的、与组织之间的交易型特征。

第二，从组织利益属性的视角下划分。利益相关者对组织利益的影响方式和影响程度，是该分类方法的出发点和落脚点，该类别进行分类所使用的指标体系也建立在这一标准之上。如将利益相关者界定为：环境的或内部的、边缘的或次要的、核心的或主要的、战略的或战术的。总体而言，在这一视角下进行的分类，强调的是组织受到利益相关者影响的利益，是从组织的角度出发。

第三，从利益相关者与组织之间发生的利益互动视角划分。一方面，利益相关者对组织的利益影响可以在该指标体系中得到反映，如下述两个指标："影响力""紧迫性"。影响力指标可以反映组织利益被利益相关者通过地位、能力、手段等多种途径影响，这一点可以体现出利益相关者影响组织利益的广度。而紧迫性指标则是反映了组织对利益相关者要求的敏感性，利益相关者对组织利益影响的深度会随其提升而增加。另一方面，可以反映利益相关者对影响的应对，例如，保障利益相关者的利益诉求受组织影响，也可以表达为对组织的利益索取权，可以通过组织制度的构建来实现，这也是"合法性"这一指标的内涵。

利益相关者的鉴别和界定相关问题，可以由米切尔等学者所提供的分类标准获得较好解释，从而形成一个相对科学的框架，并且其可操作性也较强。在这一分类标准下的利益相关者概念界定，具有了一定程度的动态特征，也超越了机械系描述，对于包括个人和团队在内的利益相关者而言，某一特定利益相关者自身的属性也会随指标维度的变化而发生对应的变化，当一个人或团体所具有的属性发生增加或者减少时，其自身的状态也会依据这些变化发生相应改变，会从一种原有的状态转变为另外一种全新的状态。但需要提出的是，与其他几种分类方法相比，虽然这种分类方法具备一定的科学性，但是存在一个问题：关于组织与利益相关者之间的利益互动本质是否可以被该分类方法下的三个指标维度完整反映？也许，这一指标体系下的指标完备性只是在该指标体系下，模型本身的完备性假设这一前提下才可存在。这一点也是学术界需要不断深入研究并且不断改进的研究方向。需要肯定的是，米切尔等学者的分类标准拓展了利益相关者的研究思路和方法，研究成果为后人提供了众多理论参考，也为之后的相关研究提供了理论基础与方法，并且在这一研究与发展过程中，极大地推动了利益相关者理论的发展与完善，如今已经成为学术界最常用的方法，广泛运用于利益相关者领域的研究，并取得了显著成果。

总体而言，"窄定义—宽认识—多维细分—属性评分"这一过程描述，可以很好地形容西方学者对于利益相关者相关概念的界定。而运用性、操作性等实践性诉求，是利益相关者理论在自身发展过程中的重要推动力量，这也体现出了利益相关者理论是一个从实践中发展、在实践中完善的一门学科，过去的实践运用相关案例也很好地体现了这一发展方向。

三、系统动力学理论

（一）系统动力学的缘起

美国麻省理工学院（MIT）的著名专家福瑞斯特最早将系统动力学（System Dynamics）置于企业管理领域进行研究，开创了系统动力学在企业管理领域运用的先河，旨在解决企业发展过程中存在的问题。为了解决工业生产管理中的问题，福瑞斯特提出了系统动力学，这一理论最初也被称作"工业动态学"。1958年福瑞斯特提出，"只有处理好企业的物资流、设备流、人力流、资料流以及信息流等之间的相互作用，工业企业才有可能获得成功"。

系统动力学是一门新兴的交叉学科，是通过将计算机仿真与系统科学理论交叉耦合，通过认识系统问题来解决系统问题，用以研究系统的反馈结构与行为的综合性学科。系统动力学吸收了相近学科领域与其他相关理论的成果，其研究重点主要是以一种系统的教育对于工业生产过程中的管理活动产生的问题间的复杂动态、非线性、多反馈关系进行系统的研究分析，以获得解决问题的方法，是从系统角度出发获得解决问题的方法。系统动力学通过结合计算机、数据模拟和数据仿真等技术工具和手段，对需要解决的问题进行仿真测试，以此来解决生产过程中多种复杂的非线性管理问题，在此过程中问题的内部特征及动态反馈将采用系统的角度进行系统动力学分析。

系统动力学的相应预测行为是通过仿真模拟得出的，而仿真模拟需要建立相应的模型和收集与系统行为相关的数据，而这一系列操作相应的理论基础，则是基于系统内部各个因素之间反馈关系而形成的反馈环。在时间维度上系统动力学可以进行动态分析，系统内的各因素之间的关系也能够被协调,与传统的研究方法相比,系统动力学不仅能够对以往数据进行检验,还能够对将来的数据进行模拟仿真,在方法论上有着独特的优势。因为只有在认知和了解企业系统的动态机制之后,才能建立逻辑严密的因果关系,在此基础上才能构建合理的因果关系图,也可能通过模型预测出可能的结果,比如采用的投资策略、组织形式和其他组织决策。确定模型结构是建模的关键,模型结构对于整个系统有着决定性作用,系统动力学的反馈回路是通过构建因果关系图实现的,而反馈、控制和调节的关系是通过因果关系图中各因素的相互作用实现的。复杂的系统结构能够通过软件的定量系统性分析进行分析模拟。因此,系统动力学可适合通过在复杂的系统中分析影响系统运行机理,在组织生产过程中所遇到的许多复杂的组织问题,通过仿真模拟找到影响系统运行的关键因素,都可以被系统动力学分析并且解决,以此来分析整个系统结构并进行优化以解决相应的问题。

(二)系统动力学的特征

学者们经过研究发现,系统动力学内部的回路、运动的规律与流体非常类似,传递的压力会在流体进行传输流动时产生,因为时间问题与速率的不同,在"信息"和"流体物质"的传递过程中会产生延迟现象,整个系统状态会因为这种延迟现象的发生而不断改变,也会因此进入一个难以控制的状态,系统动力学的基础原理就是基于上述过程。

积累会形成于系统动力学的研究应用过程中。积累效应会存在于系统动力学模型的运行过程中,研究者通常使用参数的变化量的积累去描述系统整体的运行状态,而反馈回路则会形成于任何一个系统动力学的模型之中,系统本身优化的分析的相关决策则同样也需要通过积累来进行。在运用系统动力学的过程中要重视流图构建。系统的结构以及动态特征可以通过流图这样一种工具得到直观的反映，这也是流图最主要的特点，而相应的流图构建则可以通过使用系统动力学的因果关系图。在使用系统动力学的过程中存在延迟现象，因为任何决策的制定、实施以及决策实施之后的反馈都会有一定的反应时间，所有的反馈和变化都不是立刻产生的，即存在延迟现象。研究者一般需要通过计算机技术的延迟指令来实现这种延迟现象。

总体来说，系统动力学存在如下几个特点：第一，系统动力学的信息反馈系统既包括生命系统，也包括非生命系统。第二，系统动力学的主要观点就是根据不同的因果关系将特定的研究对象划分为几种不同类型的子系统，在这之后依据之前通过因果关系将整体系统与相关子系统互相之间联系起来。第三，系统动力学的研究方法主要是计算机仿真模型。依次运用计算机建立流图、构造方程式、建立系统动力学模型，最后选取案例数据运用计算机的相关仿真手段进行仿真模拟，通过仿真模拟输出结果对构建好的模型进行测试与验证，最终依据结果提出解决问题的决策。

在系统动力学视角下，系统中存在一定数量的相关变量，这些相关变量之间存在一定的相关关系，这些关系可以大致分为三种——正相关、负相关和量化函数，这是三种存在着不同关系的状态。回路分析法是一种动态研究方法，研究内容包括反馈联系和因果关系，这也是系统动力学的主要研究方法。在回路分析法中，因果关系和反馈联系之间存在相互关联，其反馈联系会随各变量间关系的变化而产生与之相适应的反馈结果，即正反馈和负反馈。因为变量之间既已发生的改变，那么各变量之间下一步的相互关系又会相应发生变化，系统中不同变量之间会相互影响，系统动力学中各变量的相互关系形成了反馈回路。当变量之间存在因果关系，意味着存在反馈回路，仿真软件可以展现不同变量之间的相互关系，对这些表现出的相关关系可以使用因果链进行解释。环状一般是因果链的表现形式，相连接的状态可以采用箭头指向不同变量的首尾，因果关系的极性可以通过在箭头上标注正负号来体现，例如当一个反馈环是正向相关时，表现为各变量要素之间关系的同向增强；而当一个反馈环是负向相关时，变量间负极性则是使用负号来进行表示，此时负反馈符号表示的是各变量之间的关系将趋于稳定。但当解析及阐述问题使用系统动力学时，需要从宏观的层面去对问题进行切入分析，此外还需要从系统本身更加微观的层面去进行细致分析，从综合方面考虑最终形成分析图，而这个分析图需要体现出系统中相互关联的关系。

（三）系统动力学分析步骤

运用系统动力学分析系统复杂问题，应遵循以下流程与步骤：

1. 确定系统边界

运用系统动力学方法分析及解释针对的相关问题时，先要圈定分析及研究问题的范围。即使是针对同一个研究对象，由于研究的问题和视角存在差异，确定的系统边界也不尽相同。因此，必须依据解决问题的目的及问题中反馈和影响因素对系统边界进行分析。只有先确定系统边界，才能在确定的系统范围中提取关键因素，随后才能相应确定其他变量及存量。系统边界确定后，也才能进一步认识整个系统及其相应问题，准确查找系统中的关键变量，防止因边界不清而产生进一步混淆等。

2. 提炼各变量间的因果反馈关系

系统边界确定后，方可准确查找系统中的关键变量，并梳理系统内各变量之间的逻辑关系。由理论基础可知，系统整体的功能由系统内的因果关系组成，这是对问题进行模型构建和分析的基础，这种具有一定关联的因果关系也是系统动力学要解决的问题。通过查找分析变量间的因果关系，形成一个反馈回路系统，构成不同的正向、负向及函数式关系，系统内各变量之间进而构成系统整体的反馈回路。系统的运作状态在整个反馈系统各种非线性反馈、负反馈及正反馈的作用下发生改变，进而影响系统内各主体间的决策行为。[①]因此，需要系统的角度对系统内各变量间的关系进行分析，才能正确地对因果回路关系问题进行思考，使其具有良好的分析特征，这是系统动力学对问题进行建模分析所采用的主要方法。为此，需依据变量间相关关系，根据变量的结构特征，按照合理的逻辑构建因果关系图，在此基础上进行系统动力学建模，如图1-3所示。

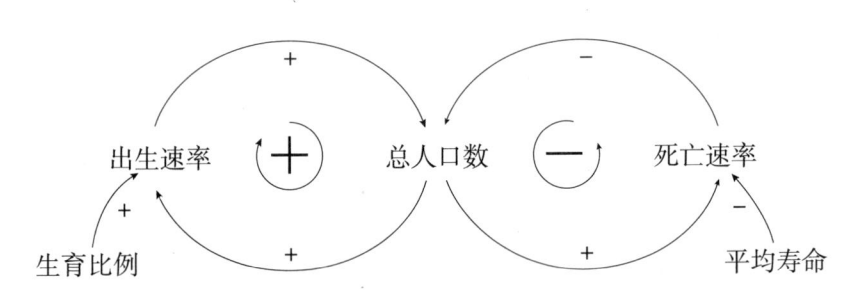

图1-3 人口模型的因果回路图[②]

[①] 付帅帅:《基于系统动力学的跨境电商物流联盟运作风险演化博弈》，硕士学位论文，北京物资学院，2019年，第34—39页。
[②] 付帅帅:《基于系统动力学的跨境电商物流联盟运作风险演化博弈》，硕士学位论文，北京物资学院，2019年，第15页。

3. 构建 SD 模型

通过进一步分析确定系统内不同变量所具备的内在联系，在文献资料、相关成熟模型和相应的理论基础上，通过各变量的因果回路构建理论模型。综合分析各要素、变量间的因果关系，补充和完善不同要素、变量的函数关系，构建数学方程式的表达，进一步制定相关的动力学流图模型，完成系统动力学（SD）模型的构建。

4. SD 模型仿真模拟

利用 Vensim PLE 软件对建立的 SD 模型进行单位、各变量间函数关系式等的反复检验，以确定模型中的单位和相关函数关系是否互相匹配。对 SD 模型的量纲一致性、灵敏度和真实性进行检验，检验完成后对模型进行调试，以保证模型的准确性，以便开展后续的模拟仿真工作。利用软件对其进行相关调试，通过调整模型中变量的大小或范围，进行可视化仿真运作和结果输出，分析并解读具体仿真分析结果。

5. 仿真结果分析

根据设定的优化仿真方案，分析并解读各不同方案下系统得到的仿真结果。也可以选取特定的因素、变量进行调控，仿真模拟其变化对整个系统产生的影响，探究各因素及其与系统整体相关关系的变化情况。对仿真结果进行分析和解读，得到的模型分析及仿真流程见图 1-4。

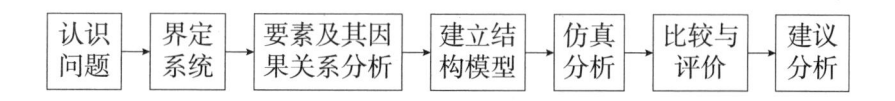

认识问题 → 界定系统 → 要素及其因果关系分析 → 建立结构模型 → 仿真分析 → 比较与评价 → 建议分析

图 1-4　模型分析及仿真流程[①]

---

① 付帅帅：《基于系统动力学的跨境电商物流联盟运作风险演化博弈》，硕士学位论文，北京物资学院，2019 年，第 16 页。

四、理论的适切性分析

（一）利益相关者理论的适切性分析

利益相关者理论对本研究的启示：如上文所说，利益相关者理论在经过多年的研究与扩展之后，其定义与分类等方面正在不断发展且完善，研究体系与研究方法正在不断发展，而不仅仅满足于管理学领域的初步运用，经历了多年的研究发展开始在教育学领域受到重视，如今已经应用到不同的分支学科并取得了显著成果。高校参与学习型城市建设的研究具有很强的综合性，涉及社会、城市和高校的方方面面，相较于其他的社会行业，高校这一特殊的组织形式涉及更多的利益相关者，关于高校的资源、权力、利益应该如何进行分配才可以使得高校获得更好的发展等问题，便需要使用利益相关者理论对高校中存在的实际问题进行相应的研究，界定好高校参与学习型城市建设的利益相关者范畴，明确其各个方面并不是一个被割裂的个体，而是一个有机的整体，做到既相对独立而又有机统一，从而对高校中需要解决的问题进行分析，从而作出可以有利于高校利益相关者相互协调的改进决策，以解决利益相关者之间的矛盾，使得高校资源可以得到更好的分配，实现高校的发展。另一方面，高校作为社会中重要的组织之一，需要在学习型城市的建设中扮演重要角色，以此来加速学习型城市的建立。

（二）系统动力学理论的适切性分析

系统动力学的主要研究对象既包括社会、经济、生态等复杂系统，也包括在此之上复合出的、更加复杂的各类大系统。一些复杂的、关于系统的难题（如高非线性），一系列大规模社会经济问题伴随着系统动力学的出现而得以解决,此后学界拥有了一种更加有效的解决手段、方法与思想。人类社会通过数千年的实践,使得这一思想得到更深层次的发展并取得丰富的成果。在此之后,系统动力学越来越被研究人员广泛使用,更多地被用来研究复杂系统,系统动力学的理论实践也取得众多成果,如:济南可持续发展对策研究系统动力学模型由孙希华在1996年成功建立,在该模型中精简了区域发展中涉及各种主要因素的反馈关系,使得研究方法变得更加简洁高效。[1]中国可持续发展系统动力学仿真模型由王艳等人在1998年建立,人口、教育、科技投入的社会模块作为新增模块出现在系统动力学仿真模型中,完善了社会科学研究领域中系统动力学的理论与实践。[2]

自然科学可以反复进行可控实验,而社会科学则无法做到,这被一部分学者认为是自然科学与社会科学的最本质区别。而系统动力学则对此有不同看法,在系统动力学的研究中,研究人员可以建立起高效、完善的社会经济模型,只要人们可以充分发挥其在实践和学习过程中掌握的技术与方法,而关于社会科学的模拟实验工作则可以通过计算机这一强大的工具进行进一步相关操作。在社会科学"实验室"中,系统动力学是一种常见且实用的实践手段,并且是基于一种非平衡性、非稳定性的前提对经济系统进行进一步分析与实践。社会经济中系统动力学的主要观点主要可以简述为如下几个方面:

首先,通常情况下我们会依据其固有性质对社会经济进行分析研究,

---

[1] 孙希华、高志强:《济南可持续发展对策研究系统动力学模型》,《山东师大学报(自然科学版)》1996年第1期。
[2] 王艳、李思一、吴叶君、丁凡、黄振中:《中国可持续发展系统动力学仿真模型——社会部分》,《计算机仿真》1998年第1期。

从而将整个社会系统视为稳定的，但通常只有少数社会系统会维持一种相对稳定的状态。而国民经济系统在系统经济学的视角下是一种非平衡系统，相关的研究也建立在这一前提上。美国国家社会经济模型的建立由美国麻省理工学院在1972年完成，这一模型也是在这一假设上完成建立的。

其次，平衡只是相对的，而非平衡在社会经济系统内部是绝对的。相应的、合理的数量关系应该在系统与其内外部环境之间保持一种稳定关系，需要在功能与结构两个方面协调好并使其可以成功实现，而最大化的长期社会、经济效益必须要通过这种方式才可以得到。非平衡和动态观点是系统动力学必须要贯彻始终的研究理念，这也是系统动力学的核心之一。

再次，在系统动力学中，采用定量与定性相结合、推理与综合相结合是其解决复杂系统的主要方法。主要手段是数量模型定量分析，这也是社会科学研究"实验室"化的工具。一方面，数学模型的定量分析在系统分析中可以有效支持定性分析，在这个分析过程中，定量与定性分析的关系是相辅相成的；另一方面，要使系统思考能改善人们的脑力模型，有效途径便是通过数量模型学习系统思考方法。

最后，社会系统有着复杂的发展机制。第二次世界大战结束之后，经济全球化、社会的急剧变迁和科学技术的飞速发展等前所未有的转变正在发生，全球正在经历工业社会向信息社会的转变，使得国家、区域和文明的交换能力与规模达到了空前水平，在信息、物资、劳动力等方面尤为明显。非稳定性是复杂社会经济系统不可避免的发展特点，与系统发展机制存在密切相关关系。矛盾是推动复杂社会经济系统发展的最直接原因，因此不稳定性和不可逆性的存在是系统动力学发展观的基本观点。这种观点认为,系统由一种较低级的旧结构向一种较高级的新结构发展,这是一种进化的过程,而在这个过程中,旧结构的稳定性失去,新结构的稳定性得到增强,形成了"旧稳—失稳—新稳"的动态循环。这种发展过程是永恒的,而高级化、复杂化是整个系统结构的升级和发展方向。

因此,高校参与学习型城市建设的动力机制因其自身是一个复杂的社会子系统,其运行方面具有长期性的特点,同时由于高校人才培养等具有很明显的周期性,作为一个社会模型,在处理进度要求不高这一前提下,高校相关研究非常适合选用系统动力学的理论与方法。

〔本章小结〕

本章从研究背景和缘由出发,对高校在建设学习型城市中的担当与使命进行了阐释;对研究所涉及的高校、学习型城市、高校参与学习型城市建设和动力机制等核心概念和术语进行了界定;紧紧围绕研究主题,对学习型社会理论、利益相关者理论和系统动力学理论进行了解读和适切性进行分析,奠定了扎实的研究基础。

第二章
高校与学习型城市建设历程

本章将在第一章的基础上围绕研究背景、核心概念和理论基础对国内外研究文献展开梳理，主要从学习型城市评价指标体系的发展，高校参与学习型城市建设的相关研究，高校参与学习型城市建设的相关法律、政策以及学习型城市大会梳理这几个方面展开。

第一节 学习型城市评价指标体系的发展

一、国外有代表性的学习型城市评价指标体系

（一）欧盟 TELS 学习型城市审计工具（TELS Learning Cities Audit Tool）

"迈向学习型社会"（TELS）白皮书由欧盟在 1995 年发布，三年之后，欧盟开展"迈向欧洲学习型社会"研究，该项研究受到了社会各界重视，并且获得了欧盟委员会苏格拉底项目（Socrates programme of the European Commission）的资助，在当时社会引起了相当程度的讨论。这是世界上首批学习型城市项目之一，主要目标是鼓励社区、城镇和城市可积极学习全新理念，并积极将新理念投入到实际中，在实践中进行学习，增强主体使用新理念的熟练程度，提升其综合素质。在这一过程中，相关部门需要实时测量与监测学习型城市、社区和城镇的状态，及时进行纠偏，确保学习型社会的相关活动可以正常开展。在 2001 年，该项目针对城市这一主体，开发了一个学习型城市审计工具，该项工具的使用目的主要在于如下几个方面：第一，可以通过观测等方法去衡量学习型城市在某一时间点上的绩效；第二，重视思想资源的价值，该工具中拥有丰富的思想资源；第三，重视人这一要素的意识培育，针对城市中的

重点人群，积极培育并建立他们的学习型城市意识；第四，该工具具有综合性的特点，可以针对学习型城市这一对象进行规划，从而规划每一个学习型城市的发展流程，并且这种发展规划是具有持续性特点的；第五，在学习型城市的实践过程之中，可以获得最佳的实践案例，从而有助于自身获得更好的发展，也有助于之后的学习型城市借鉴与学习（诺曼·朗沃斯，2016）。

在第一年的时候，该项目组为了完善这一工具，选择了6座欧洲城市进行深入研究分析，这6座城市是：南安普敦、利默里克、哥德堡、埃斯波、爱丁堡、德拉曼。项目组邀请这6座城市的相关人员根据自己的经验，对学习型城市的评价元素进行相关讨论，在讨论结果的基础之上，针对原有的评价元素进行添加、删除与修改，针对措辞进行修改，使该项工具更加易读，方便每一个使用者理解。经过一系列修改之后，该项目组最终确定了包括"构建学习型城市的承诺""信息和沟通"等10个学习型城市一级指标和40个学习型城市二级指标，由此来为学习型城市在未来的发展提供实施重点（诺曼·朗沃斯，2016）。

随后的第二年，项目收集到了一些反馈意见，并且针对反馈意见对原本的工具进行进一步修改，而使这一工具完成评估的城市，也从最初的6个，增加到了最后的80个，在这一过程中也广泛传播了学习型城市的建设理念，成功将理念应用到了实践过程里，成功推动了实践发展。综合性的评价指标体系可以更好地反映城市整体特征，但是，从另外一个方面来讲，综合性过高可能会导致评价导向过于全面，从而丧失针对性，在评价导向方面失去重点，指标的可操作性也有所降低，距离最初预期还存在差距，这也是之后需要提高的点。

（二）加拿大综合学习指数

2004年，加拿大学习委员会成立，该机构在加拿大有着良好口碑，具有极高的权威性。作为加拿大的一个终身教育机构，其主要任务是针对加拿大现行的教育制度进行研究分析，评估其成效，针对评估结果对教育制度进行改善，提出有利于教育制度改革的相关建议。该组织将加拿大的每一个州作为一个研究对象，对各个州的终身学习情况进行对应评估，在提出改进建议的同时，使人们关注和理解终身学习的概念，引起人们对于终身学习的思考（CCL，2006）。在2006年的时候，该学习委员会使用德洛尔报告提出的终身学习的概念框架，针对一般公民的学习活动，开发了综合学习指数来对相关对象进行分析与评测（CCL，2007）。这一指标体系在日后不断得到完善，在2010年公布的指标体系中，主要可以分为17个组成要素，同时又可以进一步分为26项具体指标，这一套指标体系也在当时实现了对4500个以上的加拿大社区的评估与分析。总体上来讲，该指标可以划分为4个不同类别：第一，认知相关内容，该部分内容主要是指人在社会生活中所需要的技能，如在工作、学习、日常生活等场合所需要的计算能力、阅读能力等；第二，做事相关能力，主要是指获得实践相关的技能，如与具体人员工作相关的培训、在工作场所进行培训等；第三，在社会环境中共同生活的相关能力，主要是指如社交一类的社会技能，在日常生活中还可以是指个体价值观的正确培养，诸如此类的一系列指标；第四，关于社会环境的生存技能，包括文化活动、艺术、体育等领域，关于社会中个人在这些环境下的自我意识和个体发现的相关指标（Robena，2018）。

在应用加拿大综合学习指数对不同主体进行考核时，得分高意味着对应的社区、城镇或城市有相对优质的学习条件，包括提高经济福祉、促进社会发展等方面；得分低意味着某些方面还有较大的提升空间，需要进一步的改进使其提升。总体上说，加拿大综合学习指数与国内生存总值的衡量方法有众多的相似之处。对不同的衡量主体进行相应评分，其最终结果并不是通过评价分值来评定各个主体之间的排名先后，而是为了通过评分让社区中的人们了解自身所在社区的终身学习情况，鼓励社区中的个人通过评价结果，发现自身所在社区终身学习还存在哪些具体问题，从而找到改善方法，提升各个社区的终身学习情况，最终通过采取进一步措施使得原本分值较低的社区成为繁荣的终身学习社区。经过实践检验，加拿大综合学习指数的测量结果具有很强的实用性，其结果让人信服，社区领导人和决策者也可以通过这一指标的测量结果，充分了解自己管理社区的终身学习状况，从而可以根据其中的薄弱环节，制定对应的政策和方案去解决问题，帮助社区实现终身学习繁荣化的社会目标，带来不同程度的经济效益与社会效益（Osborne et al., 2013）。

（三）欧洲终身学习指数

2010年，"欧洲终身学习指数"由德国贝塔斯曼基金会发布。该项终身学习指数是在加拿大综合学习指数的基础上提出的。欧洲终身学习指数旨在对欧洲人进行不同维度的年度测量，包括欧洲人从"摇篮到坟墓"的人生阶段这一时间维度，家庭、工作、社区和学校生活这一系列不同学习环境的空间维度，从多个方面进行测量，以此来更加全面地了解欧洲人的终身学习状况（ELLI，2010）。该指数存在一个重要的基本假设：一切学习行为的目标都是为了提升个人乃至整个国家的福祉。欧洲终身学习指数的评价类别与加拿大综合学习指数相似，都存在四个不同方面，主要包括：第一，认知相关内容，主要是针对接受过正规教育的成年人而言，去评价这一群体的学习情况，以此评估社区内正规教育体系的投入产出比，来了解其运行效率，对于大部分国家而言，政府通常会对自己社区的正规教育体系投入较多财政资金，而且会比较偏重相关政策的决策和方向。第二，做事相关能力，针对的是个人、雇主与政府，可以反映其工作技能的提高程度，包括参与率、学习机会和投资力度。该指数可以衡量接受过正规教育的成年人在工作场所参与继续教育相关活动的情况，而衡量方法则是分析成年人学习机会的具体情况，既有正规途径，也有非正规和非正式的学习机会。第三，在社会环境中共同生活的相关能力，包括社区内个人的社区参与情况、政治环境、针对不同社会环境的跨文化能力、信任度等不同方面，以此来从促进社会凝聚力方面，测量个人的态度和倾向（Putnam，2000）。学习和教育从一开始就被认为是可以提升个人的工作技能，以此来提升不同工作岗位的效率，促进整体社会环境下生产力的提高。同时，学习和教育也会对整个社会民主的维持有积极影响，包括创造社会流动性，也可以提升公民的健康状况，提升整个社会的包容性。可以认为，学习和教育是整个社会政策工具里非常重要的部分（Dewey，1966）。第四，关于社会环境的生存技能，主要针对社会个人对个人学习、自主学习的付出情况，主要涉及非正式学习情况，包括人们在家庭中的学习、在社区中的学习、在文化活动中的学习等。该指数有多个维度，使用正规教育和培训的参与率、识字技能、参加职业培训的雇员数、互联网接入和使用、公民参与和文化活动等数据反映终身学习情况（ELLI，2019）。

  作为针对欧洲社会环境而创造的欧洲终身学习指数，可以很好地为欧盟各国的终身教育落实情况进行测量并评分,这使得不同国家之间可以进行比较。2010年的调查结果显示,终身学习落实情况最好的国家是丹麦,其次是瑞典、芬兰和荷兰。丹麦与瑞典,作为欧洲实施终身教育较为成功的两个国家,具有良好的经济发展,社会和谐,阶级相对平等。而诸如希腊、罗马尼亚等排名较低的国家,其经济发展情况较差,社会中的不平等情况偏多(ELLI,2010)。

(四)德国学习图谱

在原有指标的基础上,针对终身学习区域监测工具的设计目标,欧洲提出了德国学习图谱这一全新工具。德国学习图谱主要是针对个体服务的,按照不同个体所生活的所有阶段与领域进行分类,对他们提供关于不同社区发展条件与学习质量的相关信息,以此来展示自身所在社区实现成功的先决条件有哪些,包括不同区域未来可能的经济状况也可以从中有一定程度反映。该图谱的其中一个优势为,这个图谱可以适用于不同特点的地区,并且可以比较不同地区间的发展情况,以此作为依据,以一种批判性态度去评价不同区域间的终身教育状况。这一图谱在投入使用之后获得了良好的口碑和成果,众多德国城市都将该图谱测量结果作为决定自身今后发展方向的依据,这些测量结果与各个地区教育状况有着密切关系。同时各地区也通过这一图谱在不同程度上注意到了构建区域教育监测系统的重要性,并且在构建过程中需要以图谱中的指标为基础,从全局出发构建全面性的检测系统。

针对个体所处学习环境的不同,德国学习图谱从四个不同维度来对其进行表示:第一,学校学习(认知相关内容)维度,该维度主要涉及教育水平、接受高等教育的机会、儿童与青年的教育发展等一系列信息，这些测量对象主要针对某一个具体区域内。第二，职业学习（做事相关能力）维度，主要测量对象是青年人和成年人。针对青年人，主要提供他们获得培训机会，并在之后成功完成职业培训的相关信息；针对成年人，主要提供他们在职学习情况的相关信息。第三，社会学习（在社会环境中共同生活的相关能力）维度，该维度按照地区进行分类，针对任何一个特定地区，提供这一特定地区的相关人员利用学习机会的形式和程度等相关信息。社会学习维度的测量同时涉及多个不同维度，需要依据多方面数据，包括社会融合价值、政治参与情况和社会参与情况等方面。第四，个人学习（关于社会环境的生存技能）维度，同样是针对某一特定区域，关于这一特定区域人们发现和利用学习机会的能力，人们会选择通过自身的学习机会使其自身得到发展，这一类信息将会被该测量维度提供给图谱使用者。具体学习行为包括参加继续教育课程、自发的学习性活动（体育、文化等方面）等（Bertelsmann Stiftung，2019）。

上述每一个维度都涉及 8—10 个绩效指标，测量结果具有较高的透明性，可以在相关互动式网站上继续查询，并且使用者不需要支付额外的费用。学习者可以使用这个网站提供的交互式在线地图，这一个地图通过区域类型进行排名，在展开地图后，学习者可以比较地图中不同的区域，了解各地区之间不同的学习情况。使用该图谱查询特定地区的学习状况可以通过输入想要查询区域名称，之后便可以查询到该地区存在的优点和缺点，并且会显示其学习条件，这一系列信息可以通过一种简洁但多角度的形式全面展示出来，上述的四个不同维度要点都能有所展现。通过对这些测量数据的分析，该网站还可以为每一个网站使用者提供详细的数据分析，以便他们可以找到改进自己乃至整个社区学习状况的未来道路。在此之后，贝塔斯曼基金会为德国学习图谱开发了一个统计模型，以此来提升德国学习图谱的适应性，让其更好地服务不同社会环境下的社区，用户也可以通过这一统计模型选择自己需要的指标并赋予各自权重，以便自身更好地使用。这让德国学习图谱拥有更高的可移植性，不同国情的国家可以通过自身特点进行调整，使其更加符合自身发展的条件。

（五）R3L+ 项目欧洲学习型城市质量保证框架

R3L（Regional Networks Lifelong Learning）项目由欧盟委员会于 2002 年启动，在这之后的 2012 年，该项目推出了 R3L 升级版，即 R3L+ 项目。以英国的实践经验为基点，推出了欧洲学习型城市质量保证框架。兰森（Stewart Ranson）和苏卡拉（Sue Cara）在 1998 年起草了一个学习型城市建设质量保证框架，并且在同年由英国教育就业部（Department for Education and Employment，DfEE）签署，该框架包括目的（Purpose）、人员（Peoples）、计划（Plans）、过程（Processes）和成效（Per-formance）五个维度，建设（Building）、对话（Dialogue）和反思（Reflection）三个学习阶段。框架从总体出发，描述了路标和方向，以此来促进学习型城市的建设和评价，R3L+ 的工作团队在之后又增补了学习文化的建设，将其作为推进学习型城市建设维度的一个全新核心，通过这一全新指标强调终身学习对整个社会的积极影响，从而反映其重要性。

在欧洲学习型城市质量保证的基础框架下，学习型城市评价的出发点是合作网络。经合组织曾经发布《终身学习的城市战略》，也提及了学习型城市的相关特征，这些特征与欧洲学习型城市质量保证基础框架中的相关定义存在众多相似之处,即学习型城市的第一特征是"有效地把所有对终身学习有兴趣的人联合起来"。这一观点也得到了实践的检验,得到了广泛认可,在之后也被广泛使用。TELS 强调,合作是学习型城市的主要特征。在这之后,针对网络组织,INDICATORS 主张需要对其进行改进,投入相关资源去建立集中的学习网络,具体包括:跨国界的学生和教师网络;全球的学习型组织网络;在欧洲和世界范围内建立的成人教育学院学生和教师的网络;公司的全球网络;文化服务机构网络(博物馆、图书馆、美术馆等);全球医院和其他卫生机构网络;全球当选代表网络;全欧洲致力于学习型城市事务的专业中心网络。在合作网络内实施内部质量保证这一措施,也是 R3L+ 项目设计中欧洲学习型城市质量保证框架实施系统的关注重点。

学习型城市可以通过欧洲学习型城市质量保证框架对自身的建设进行检测,可以了解自身存在哪些优势和劣势,这可以帮助学习型城市更好地提升自我。学习型城市可以对症下药,通过政策的决策与制定,改正自身发展中存在的缺点,进一步强化自己的优点,确保自身的战略规划有更好的环境进行实施。这一切在社区相关负责人通过该框架体系下的评估,理解自身当前情况后可以更好地实现具体措施。质量标准可以通过该框架下的指标描述,运用到现实环境下的每一个方面之中。也正因如此,各个社区可以通过这些指标描述来检测自己在本地层级社交网络建立和伙伴关系质量等方面的实施状况。

(六)联合国教科文组织(UNESCO)学习型城市的主要特征

在首届学习型城市国际大会上,联合国教科文组织终身学习研究所(2013)颁布了《学习型城市的主要特征》,从 3 个逻辑起点出发,提出学习型城市建设的相关指标。其中，3个逻辑起点包括："为什么要建设学习型城市""什么是学习型城市""怎样建设学习型城市"。用农神庙建筑形象可以很好描述这一指标体系的特点，该指标体系共包含3个一级指标（"基础条件""广泛裨益""主要支柱"）、12个二级指标、74个三级指标。经过研发、改进与最终确认，该指标体系在2013年向全球范围内公布，并引起了广泛讨论，因其权威性与广泛影响力，对学习型城市的针对性，成为学习型城市建设评估的权威指标体系。

《学习型城市的主要特征》为学习型城市的发展建设提供了强有力的框架，这一框架可以让使用者更好地规划和检测自己所在城市状况，对于一些基础性的城市数据，该框架体系可以更好地统计有用数据，并反映对应信息，如收集教育参与度的相关统计数据时，可以选择政府机构提供的相关数据，按地区进行分类，最终收集到所需要的对应统计数据，为之后的分析作基础准备。该指标可对不同的学习型主体（包括学习型城市、地区、社区等）进行评估，以此来反映自身的建设情况，根据评价情况及时进行改进，提升各个主体内的学习参与度，提升整体的学习能力，推进学校未来的发展。具有包容性、可持续发展特征的终身学习行为，被联合国教科文组织列为城市发展的主要战略。与联合国教科文组织过去的主张相似，注重人、社会、城市之间的可持续发展，是该机构一直以来关注的重点，这一指标体系也体现了该机构一贯关注的理念，即社会、环境和经济等因素必须与社会愿景一起思考，同时，相关人员必须时刻考虑这些因素与教育之间的相互作用和影响程度（UNESCO，2013）。划分城市等级并非联合国教科文组织发布这份指标的目的，该组织发布这份指标是为了更好地改善城市未来发展状况（UNESCO，2013）。每一个城市都有自身特点，有不同的、符合自身发展的文化、经济、社会、历史和传统，只有充分认识到这些不同，才能对不同城市的建设情况进行对应评估（UNESCO，2013）。然而，学习型城市的视角研究与知识交流经常会受到限制，因为受到现实环境的制约，很难在评价中使用全部的指标参数（Lido et al.，2018）。

二、国内有代表性的学习型城市建设评价指标体系

我国学术界于20世纪80年代引进了"学习型城市"的相关概念。2001年，江泽民同志在亚太经合组织人力资源能力建设高峰会议上，把"构筑终身教育体系，创建学习型社会"作为五点主张之一，明确提出要创建学习型社会。2002年，江泽民同志又在庆祝北京师范大学建校100周年纪念大会上呼吁"逐步形成适应终身学习需要的学习型社会"，在此基础之上，学习型城市建设的相关概念被提出并在中国引起了广泛讨论。

（一）《学习型社会的建设路径及评价标准》

2012年，《学习型社会的建设路径及评价标准》这一文件由国家教育咨询委员会公布，明确提出学习型组织是学习型社会的基础构建，学习型社会实质上是由一个个学习型组织所构成的。学习型城市是学习型组织的一个组成部分，建设学习型城市是实现学习型社会所必须完成的一项任务，因此，学习型城市建设是各个部门要重视并完成的必要使命。

这一文件中也提到了关于学习型社会建设的相关指标体系，该指标

体系包括6项一级指标,即"终身学习文化的营造"——学习型社会之"魂","学习型组织的创建"——学习型社会之"基","终身教育体系和学习服务体系的构筑"——学习型社会之"架","合力式机制的形成"——学习型社会之运行机制,"全民终身学习活动的蓬勃开展"——学习型社会之基本特性,"社会及成员发展"——学习型社会之成效。同时该指标体系还包含26个二级指标和97个三级指标。

(二)上海明德学习型组织研究所的"学习型社会评价指标体系"

"学习型社会评价指标体系"指标主要涉及7个不同方面,从不同角度对学习型城市进行相关评价,具体包括:"学习型个人"、"学习型家庭"、"学习型社区"、"社会教育"、"社会信息资源"、"社会文化设施"和"其他配套指标"。该指标制定评分标准的时候,最终选择使用"5分制评分法"来更好地体现不同城市之间的差异。同时,这一指标由于研发时间较早,依然存在一些不足,比如在一些指标方面,国内大多数城市普遍得分较低,其原因可能是各地区和国家之间存在差异性,广泛适用性仍然存在提升空间。

(三)南京市委宣传部的"学习型城市指标研究"

南京市委宣传部也在这一学习型组织建设的浪潮中,根据自身城市的特点,结合此前学习型城市建设案例所提供的经验,进行了自己的"学习型城市指标研究"。该指标在对学习型城市进行评价时主要涉及4个不同方面,也就是对应4个一级指标,即"要素"、"结构"、"行为"和"效果"。除了4个一级指标之外,该指标体系还包括21个二级指标和51个三级指标。然而,该指标体系存在的主要问题是指标设置过于复杂,同时存在大量定性指标,这导致许多指标数据的获取难度过高、成本过大,在大多数时候难以找到足够的数据进行城市评估,导致该指标体系的可操作性大大降低。

(四)中国教育发展战略学会终身教育工作委员会"中国学习型城市评价指标体系框架"

"中国学习型城市评价指标体系框架"由中国教育发展战略学会终身教育工作委员会发布。该指标涉及多种评价方式,可以针对不同指标选择合适的测量方式,包括听取汇报、查阅资料、座谈访问、实地考察、抽样调查等,在提升指标质量的同时又可以降低成本。这体现了在构建该指标体系过程中所强调的先进性、针对性、科学性、创新性等特点,也为该指标的总体设计思路提供了思想导向,确保了最终指标的质量。

该指标体系的中心是"社会评价为基点,将社会宏观评价与教育评价方法进行融合",在这一中心下发展出了4个一级指标,即"终身教育体系建设""保障措施""建设成效""示范价值",同时包括14个二级指标和76个三级指标。该学习型城市评价体系基于结果,而非过程,它可以用来检验和监测学习型城市的建设情况,这一特点也是由于在指标确定时可以反映对应城市已经达到的水平。

(五)北京教育科学研究院"北京学习型城市建设指标体系"

北京作为中国学习型城市建设的先驱,在2001年便开始学习型城市的相关建设工作,在开展学习型城市建设的过程中,对不同主体(包括城区、社区、企业、学校等)进行评估活动,以此来推动和激励整个城市的发展，促进学习型城市更好地推行和实现。在这一过程中，北京市相关部门积极开展学习型城市建设的研究课题，并在2012年对前期工作与5个子课题进行总结，随后展开更加深入的讨论。2014年，北京教育科学研究院成功编制出"北京学习型城市建设指标体系"，同时完成了学习型城市监测指标的制定，并且使其在之后的实践中获得了进一步发展。

（六）教育部职成司"全国学习型城市建设监测指导性指标体系（试行）"

2017年9月教育部职成司印发相关文件，针对8个试行城市开展关于学习型城市建设的监测工作，并且建立了学习型城市建设检测工作机制，以此来多阶段地、有序地推进学习型城市建设相关工作。这一工作引起社会各界的高度重视，各参与城市积极建立组织保障体系，通过制订相关方案，建立工作机制，确保自身城市可以有效推进学习型城市建设。同时，该工作强调协作能力，在不同部门间应该强调组织方式和工作流程的可交互性，通过彼此之间的协作交流共同创建学习型城市。在学习型城市建设的过程中，要及时对各城市数据进行比较和总结，反馈给对应城市作为改进依据，并以最终结果为依据，对原有指标体系进行改进，提升其实用性与泛用性。

该指标体系涉及5个一级指标，具体如下：第一，保障指标，包括认识、组织、制度、经费等方面；第二，终身教育与终身学习服务体系建设指标，包括学校教育、继续教育、学习服务、信息化学习资源与利用等方面；第三，终身教育与终身学习服务体系建设指标，包括学校教育、继续教育、学习服务、信息化学习资源与利用等方面；第四，学习型组织建设指标，包括区域学习型组织创建、法人单位学习型组织创建等方面；第五，成果与创新指标，包括制度创新、重大成果及获得奖励这几个方面。该指标体系在一级指标下还涉及 15 个二级指标和 62 个三级指标（18 个定性测评指标，44 个定量测评指标）。

第二节　高校参与学习型城市建设的相关研究

一、高校文化引领学习型城市建设

英国高等教育学家埃里克·阿什比主张"能胜任人类远大目标的指导任务和人类未来利益的管理任务,似乎以大学最为适宜……把大学独具的多种学科的多类智慧,用到解决适应社会变化的研究中去"[1],认为大学更重要的是要指导社会的发展。德国教育史学家、柏林大学教授弗·鲍尔生(F. Paulsen)认为,"大学不再是沿袭传统教条的学校,它成了领导整个学术界进行创造性科学研究的基地和真理的拓荒者"[2]。赫钦斯更明确赋予了大学引领社会的责任,认为大学"不仅能保留文化精华,而且能创造新文明,成为——'智者之家'(the home of the intellect),孕育成一方才智的领导者,形成新时代的思想新形态,领导社会、国家与人类迈向新境界"[3]。美国教育家亚伯拉罕·弗莱克斯纳(Abraham Flexner)认为:"大学不是风标,不能流行什么就迎合什么。大学必须时

---

[1] [英]埃里克·阿什比:《科技发达时代的大学教育》,滕大春等译,人民教育出版社1983年版,第7页。
[2] [德]弗·鲍尔生:《德国教育史》,滕大春等译,人民教育出版社1986年版,第80页。
[3] 《西洋教育史(下)》,台湾伟文图书出版社有限公司1979年版,第916页。

常给社会一些它所需要的东西(what the society needs),……现代大学的使命是引领社会的方向。"[1]美国亚伯拉罕·弗莱克斯纳提出,大学是学问的中心,是一个目标崇高而明确、精神与目的统一的有机体,要引领人们去追求真理。[2]

我国高等教育由"精英教育"转向"大众教育"后,尤其是我们在积极推进"科教兴国"战略以后,高等教育的价值与作用更加凸显,其与社会及经济层面的联系越发紧密,在社会经济发展的诸多方面日渐发挥着重要引领作用。教育部原副部长赵沁平提出,大学应发挥"第四功能"——引领文化,他结合历史发展经验及社会转型需求,提出要主动发挥大学文化引领作用,培育和引领社会创新文化发展,为建设创新型国家和全面建设小康社会提供知识贡献。[3]潘懋元、刘振天提出在知识经济时代,大学走进经济社会的中心是知识经济发展的必然要求,也是农业经济和工业经济向知识经济转变的逻辑结果。要发挥大学的优势,使其占据经济社会的中心引领位置,并成为知识经济发展的人才库、知识库、思想库、产业孵化器,为知识经济发展提供价值导向。[4]张政文认为引领社会和服务社会是当代大学的两大使命。[5]刘理、赖静提出当代大学不仅要走进社会的中心,而且应走向社会的前头,引领社会文化软实力提升。[6]袁广林也提出引领社会应是大学的第四职能。[7]钱旭红、潘艺林

---

[1] 刘宝存:《何谓大学——西方大学概念透视》,《比较教育研究》2011年第4期。
[2] [美]亚伯拉罕·弗莱克斯纳:《现代大学论——美英德大学研究》,徐辉、陈晓菲译,浙江教育出版社2001年版,第80—93页。
[3] 赵沁平:《发挥大学第四功能作用 引领社会创新文化发展》,《中国高等教育》2006年第3期。
[4] 潘懋元、刘振天:《发挥大学中心作用 促进知识经济发展》,《教育研究》1999年第6期。
[5] 张政文:《要论大学使命》,《黑龙江高教研究》2009年第11期。
[6] 刘理、赖静:《大学引领功能新探》,《教师教育研究》2010年第3期。
[7] 袁广林:《引领社会:大学第四职能》,《现代教育管理》2011年第1期。

鲜明地提出:"以大学精神为魂,大学文化为基,创新文化,引领未来,这就是我们对大学职能的崭新认识。"[1]陈斌等将大学服务城市文化功能分为引领、辐射、创新城市文化三个层次,并讨论了不同层次大学的服务城市文化功能具有的不同定位。[2]

二、高校教育引领的学习型城市建设

(一)高校开展老年教育的研究

20世纪,发达国家的老龄化问题开始受到重视,这时发达国家开启了对于老年教育的探索。法国在20世纪70年代初建立了世界上第一所老年大学。[3]随着老年人口的剧增,老年大学教育也随之发展起来,这时关于老年教育的研究也应运而生。

1970年霍华德·麦克拉斯基(Howard McClusky)在密歇根大学首次开辟了此领域的研究。20世纪70年代,麦克拉斯基受邀参加白宫老龄会议,他在老年教育方面的开创研究为后人的研究作了铺垫。[4]西蒙斯(Simmons)在1978年对老年人进行了调查,此次调查分别选择了不同的地方以及时间,经过调查后发现老年人的共同需求有以下几点:享受闲暇时光;放慢生活脚步;参加团队活动;可以自由分配时间进行这些活动。英国社会学学者彼德·拉斯莱特(Peter Laslett)在1989年第一次提出了关于"第三年龄"的说法,同年发表了《新的生命图:第三年

---

[1] 钱旭红、潘艺林:《创新文化 引领未来 探寻大学职能新境界》,《中国高等教育》2007年第7期。
[2] 陈斌、张维雅、郑剑:《大学服务城市文化功能探究》,《中国高教研究》2012年第3期。
[3] 谢虔:《国外老年教育比较研究与经验启示》,《新经济》2015年第12期。
[4] 齐伟钧、马丽华:《海外老年教育》,同济大学出版社2014年版,第5—20页。

龄的诞生》(*A Fresh Map of Life: The Emergence of the Third Age*),他在文章中提出老年人应该实现自我价值,学习是老年人实现自我价值的最好方式,呼吁老年人参与到社会学习中。[①]意大利学者埃托尔·盖尔皮(Ettore Gelpi)是把终身教育从理论基础推向行动的实践者。他在1994年的时候提出:"终身教育包含学校教育以及学校毕业后的教育,终身教育应该最大化地发展教育的本质,这才是终身教育的中心要素。"同时他还强调终身教育不局限于正规教育,同时终身教育也联系着非正规教育。斯坦·伊尔(Stan Gil)在1980年提出应该降低老年大学的入学标准,同时老年大学不应该有年龄限制,应该为所有有意愿学习的人提供教育,还应该允许老年学员与大学生一样获得文凭。[②]

我国第一所老年大学是1983年由山东省红十字会创办的,第一所老年大学的成立在中国老年教育的历史上写下了至关重要的开创第一笔。在高校实施老年教育方面,国内学者们提出不同的见解,具体来说可以从现状、课程、模式、意义、反思与建议等方面进行探讨。

1. 关于高校实施老年教育现状的研究

陈昀在《和谐社会视角下的中国老年教育现状及对策》中提出,虽然我国的老年教育取得了不错的成就,但相对于国际上普遍的老年教育水平而言,我国的老年教育依然处在相对较低的层次。[③]陈勇军认为,在老龄化社会到来之际,高职院校举办老年继续教育面临的困境有:学习

---

① 罗彤彤:《宁波市老年教育支持服务体系研究》,硕士学位论文,宁波大学,2015年,第12—30页。
② Stan Gilmore, "Education for Retirement", *European Journal of Education*, Vol. 15, No. 2 (1980), pp.191–199.
③ 陈昀:《和谐社会视角下的中国老年教育现状及对策》,《湖北省社会主义学院学报》2006年第6期。

动力不够、硬件软件不足、教学内容单一以及教师专业性不强等。[①] 杜作润回顾了我国校内老年大学的发展，他认为两个课堂的分割问题是最值得思考的。在高校中，年轻人和老年人互不联系的现状严重，我国高校应该发挥促进双方交流的作用。他认为，老年教育是社会发展之光，值得高校重点关注。[②]

2. 关于高校实施老年教育课程的研究

白新睿对北京市朝阳区的老年人进行教育需求现状的调查研究，数据显示，养生保健类课程被认为是老年人最喜欢的课程，之后依次是时事政治类、书画类、旅行、法律、隔代教育等课程。[③] 汪娟、许丽英从社区类型、社区老年人的成分、社区老年人的需求等角度出发，探讨了不同类型社区的老年教育课程建设中存在的困境，并提出了相应的对策建议。[④]

3. 关于老年教育基本模式的研究

我国老年教育模式主要有专题讲座模式、问题研讨模式、案例分析教学模式、自学辅导教学模式、实地考察和社会实践模式。李东生、田昶提出，我国老年教育模式分为四大类，即办学模式、课程模式、教学模式、管理模式。[⑤] 吴燕提出了一种不同于以往的老年教育模式，试图解决老年人接受老年教育的后顾之忧，将养老和教育相结合，即教育养老模式。教育养老的实施不是一蹴而就的，应注意过程与顺序性，分步、

[①] 陈勇军：《老人发展的重要途径——高校举办老年继续教育的困境与对策研究》，《继续教育研究》2010年第9期。
[②] 杜作润：《普通高校如何正视老年教育？》，《复旦教育论坛》2013年第3期。
[③] 白新睿：《老年教育需求的调查与思考》，《北京宣武红旗业余大学学报》2012年第7期。
[④] 汪娟、许丽英：《不同类型社区老年教育课程建设研究》，《当代继续教育》2017年第6期。
[⑤] 李东生、田昶：《试论中国老年教育的模式》，《成人教育》2003年第4期。

分阶段实施,最终实现教育养老制度的全面推广,促进老年人终身全面发展和养老生活质量的提升。①

4. 关于高校实施老年教育意义方面的研究

王祥义认为,我国老年教育的发展状况不能适应老年人的学习需要,老年教育应该追求多样化,高校应该充分发挥资源优势服务老年教育,扩大老年教育规模,提升老年教育水平。②刘文荣从高校开展本校退休教职工教育的问题入手,提出高校老年教育的开展有助于退休教职工发挥余热。③王小波认为,老年大学的出现正好可以帮助老年人调整自己的心理状态,缓解刚刚退休在家的心理落差感,老年大学可以让老年人在思想和行为上与社会接触,不仅可以丰富生活,而且可以帮助老年人身心健康发展。④秦希笛提出,老年教育的作用具有社会性质,应该不同程度地在全国各地开展起来,同时应该发展更多形式的老年教育,保证对老年人受教育权利的高度重视。⑤

5. 对老年教育的反思与建议

王未从社会与个体两个方面分析了老年教育的意义与价值,政府应对老年教育工作给予充分的认识;加强政府相关机构监管的同时,要积极鼓励引导社会力量参与;为进一步扩大受教育老年人范围,老年教育目的要切合老年人实际,避免空泛,师资人才来源上要专业化,老年教育课程上要贴切且多样。⑥彭博文、杨明明基于老年人特殊的心理和生理特点,从

---

① 吴燕:《教育养老的制度设计及其实现路径研究》,博士学位论文,陕西师范大学,2016年,第20—60页。
② 王祥义:《老龄化社会中高等院校对老年教育的推动作用》,《继续教育研究》2011年第10期。
③ 刘文荣:《浅谈高校离退休人员的老年教育》,《才智》2011年第10期。
④ 王小波:《试析老年教育对城市老年人的心理补偿》,《社会工作(下半月)》2010年第6期。
⑤ 秦希笛:《基于内容分析法对老年教育的政策法规解析》,《当代继续教育》2014年第8期。
⑥ 王未:《论老年教育的价值及发展策略》,《继续教育研究》2005年第4期。

理性角度分析了老年教育，比较中外模式后提出我国老年教育模式中存在的问题，以此提出完善措施。[①] 陈春勉、郑智对温州市老年教育进行实地调查并分析情况、研究远程教育模式。[②]

（二）高校社区教育与学习型城市建设

社区是大学最近的邻居，是其生存、运行与发展不可或缺的外部环境，在大学众多的外部公共关系中占据着重要地位。大学与社区的关系深远而复杂，两者既存在互惠共生的关系，又存在异质冲突的矛盾，但两者之间互动合作是最优的选择，也是未来的发展趋势。

1.高校与社区关系的相关研究

高校作为社区的一分子，在社区教育中发挥着重要作用。有关高校与社区教育的关系，国外研究强调高校有为社区服务的职能。美国历史学家米尔顿·科尔特（Merton Coulter）将高校与社区的关系比作Town-Gown。Gown本意是长袍，意指大学，Town本意是城镇，意指大学所在的城镇或社区。由这一复合名词，可以得知高校与社区的紧密联系。他将学院所在的艾森斯镇描述为有文化、有教养的城市，由此高校在社区中的作用可见一斑。马丁·梅尔森（Martin Meyerson）认为大学不再是象牙塔，它必须对周围社区的教育承担责任，必须在社区变化过程中给予帮助。利里·珍（Leary Jane）研究了美国中西部地区大学——社区的关系，他认为大学与社区的关系是永久的、不可分离的，社区

[①] 彭博文、杨明明：《如何以理性角度看待老年教育及其运作模式》，《西北成人教育学院学报》2015年第1期。
[②] 陈春勉、郑智：《基于网络的老年远程教育：模式创新、问题及策略——以温州老年教育为例》，《继续教育研究》2012年第2期。

教育作为大学与社区互动的纽带，能促进大学与社区互动关系的良性发展。

国内学者对高校与社区的关系也有自己的见解。吴林根认为每一所学校既处于教育组织体系中，又处于社区体系中，学校与社区相互依存、相互影响、相互制约。[①] 学校为社区提供科学技术、文化、设施等方面的服务，能促进社区的发展，同时，社区物质、精神、文化等条件制约和影响着学校的发展。张德详、周润智认为高校与社区之间的互动关系主要体现在社会生活中的政治、文化和教育之间的相互影响和相互制约。[②] 高校与社区的互动形式主要有大力发展社区学院，开放图书馆等教育设施、强化高校服务社会的意识、高校发挥独有的文化影响力以改善社区人文环境等，实现高校与社区的合作共赢。刘淑兰提出，在高校与社区的互动关系中，高校对社区发挥着大教育、文化辐射、经济的功能，而社区对高校也有着支持功能、参与功能、推进高校素质教育的功能。[③]

纵观国内外学者的观点，他们一致认为高校在社区中发挥着重要功能。国外较多地强调高校对社区的服务职能，国内研究更关注高校与社区之间的互动关系，体现着双方的互利互惠、协同发展。这些文献资料开拓了笔者的视野，为本研究提供了有益的启示。

2.关于高校社区教育模式的研究

国外的教育模式主要包括以下三种：北欧的"民众教育"、美国的"社区学院"和日本的"社会教育"。首先是以"民众教育"为主的社区

---

① 吴林根、陈钢心：《学校社会学》，辽宁教育出版社1990年版，第25—40页。
② 张德详、周润智：《高等教育社会学》，高等教育出版社2002年版，第22—36页。
③ 刘淑兰：《学校与社区的互动》，四川教育出版社2003年版，第15—60页。

教育，这也是世界上最早发展的社区教育模式。其主要特点是注重人文精神，以各社区居民学校为教育载体，整合各类民众学校，与地方社区加强联系，强调普及性，体现福利特征。[①]其次是"社区学院"类型的社区教育，以美国为代表。美国的社区学院创建的初衷和根本原因，完全是为了提高大学教育质量，随着时代的发展，社区学院在不同阶段有不同的定位。20世纪80年代至今，社区学院处在新型发展期，以普通教育为主，并逐步扩展至转学教育、职业教育、社区教育、继续教育。总体上看，社区学院重心在于提供实用型知识与技术，重视实践。[②]最后是以日本为代表的"社会教育"。通过立法促进发展，完善社区教育设备，社区与高校建立密切关系，提高居民的自觉性，旨在提升日本国民素质。[③]

国内针对社区教育模式的研究有很多，不同学者有不同的看法。孙亚玲将国内社区教育模式概括为四种，分别是以街道办事处（区）、学校、社区学院、企业为主体的社区教育模式。[④]在此基础上，吴青松保留了以街道办事处为中心进行的联动型社区教育模式和以社区学院为载体进行的综合型社区教育模式，并将以学校为主体的社区教育模式界定为以中小学校为主体进行的活动型社区教育模式，同时补充两种社区教育模式，分别是以地域为边界进行的自治型社区教育模式和以社区大众传媒为平台的媒介型社区教育模式。[⑤]此外，在《社区教育发展模式的理

[①] 郝美英：《北欧、美国、日本和新加坡社区教育理念探析》，《成人教育》2010年第12期。
[②] 黄春蕾：《美国社区学院发展历程分析》，《教育观察》2020年第7期。
[③] 姚宏伟：《国外社区教育发展模式及其借鉴》，《郑州航空工业管理学院学报（社会科学版）》2014年第2期。
[④] 孙亚玲：《社区教育的基本问题》，《云南教育学院学报》1995年第8期。
[⑤] 吴青松：《构建城市社区教育模式 建立学习化城市社区》，《继续教育》2002年第11期。

论与实践研究》中,张燕农将我国的社区教育模式分为农村型、城镇型和城市型社区教育模式。他认为,"我国社区教育发展模式主要以行政统筹模式、学校—社区互动模式、社区学院主导模式、社会组织参与模式、社团协作模式最为典型"[①]。

3. 高校参与社区教育状况的相关研究

国外高校参与社区教育的时间悠久,参与社区教育的形式多样,内容丰富。美国中田纳西州立大学的教授罗伯特·埃克(Robert Eaker)等通过对美国约二十年教育改革成果与问题的分析,探讨了在学习型社区建设过程中,高校应树立的基本理念以及高校自身的运行机制,并以美国田纳西州立大学为案例,分析了高校为适应学习型社区创建所形成的一系列学校决策和发展理论,包括创建学习社区以及如何发展学术研究等。[②]戴叅提出加拿大设立社区学院,成为高校社区服务的主要形式,其职能主要是面向社区,适应本地教育和培训需求,为更多想继续学习或提升就业技能的成人提供和扩大受教育机会。[③]日本的山本英夫提出日本高校为了加强与社区的紧密联系,建立了创价大学,开展社区讲座、举办教育研究大会、派遣师生到社区中小学进行指导、对外开放校园等。[④]总之,日本的创价大学在取得居民信任、对社区作的贡献方面值得我国借鉴。

从高校参与社区教育的发展实践来看,我国学者也作了相关研究。

[①] 张燕农、张琪:《社区教育发展模式的理论与实践研究》,首都师范大学出版社2011年版,第135—139页。
[②] [美]罗伯特·埃克等:《高校能否真正发挥学习型社区的作用》,胡文成译,《西北师大学报(社会科学版)》2004年第12期。
[③] 戴叅:《加拿大高校的社区服务职能:现状及启示》,《华南理工大学学报(社会科学版)》2005年第12期。
[④] [日]山本英夫:《大学对所处区域社会的贡献——以日本创价大学为例》,《福建师范大学学报(哲学社会科学版)》2008年第1期。

陈乃林对社区教育发展模式作出前瞻研究，认为参与式发展是其最深层的发展模式，强调教育机构尤其是高校在社区教育中的参与作用，能最大限度地满足"以人为本，全面协调，可持续发展"的科学发展观。[①] 徐发秀认为高校与社区是利益相关者，地方高校在参与社区教育的过程中，逐步形成了教学、科研、社会服务三大职能，社区教育同样也承担着促进区域经济社会发展的功能。[②] 高校与社区教育二者的职能是相通的。徐玉琳认为高校教育与社区教育的互动，形成了高校—社区教育共同体，使双方利用各自的独特优势，满足对方的利益诉求。[③]

从以上国内外学者的相关研究中，可以看出学者们认为高校参与社区教育是社区教育发展的必然要求，两者相互依存、相互影响。一方面，高校可以发挥自身的智力与技术等资源优势，为社区教育的发展提供决策和理论支持、参与社区教育实体建设，并对外开放校园等；另一方面，高校参与社区教育有利于高等教育的大众化，促进人才的培养。但国内学者重在介绍高校参与社区教育的重要性与意义，对于参与的具体措施和方法，国内学者没有作具体分析，学习国外高校参与社区教育的成功经验，能为我国社区教育的发展带来有益的启示。

4. 高校参与社区教育过程中存在问题的研究

关于高校在参与社区教育过程中存在的问题，学者们从不同的角度进行了分析。靳蓬提出，虽然高校拥有丰富的教育资源，但由于其重学

[①] 陈乃林、杨向群：《现代社区教育理论与实践研究》，中国人民大学出版社2006年版，第18—41页。
[②] 徐发秀：《城镇化进程中地方高校参与社区教育的路径选择》，《黑龙江教育学院学报》2016年第9期。
[③] 徐玉琳：《建立本科高校-社区教育共同体——以功能主义理论为视角》，《科教导刊（上旬刊）》2017年第2期。

术、轻社会实践的发展模式，导致与社区相互封闭和观望，协作参与度低，从而使优质的教育资源被闲置浪费，无法实现经济效益和社会效益的最大化。[①]高校在社区教育的发展中处于被动状态，参与度低。刘佳龙在分析高校与社区教育互动发展取得成效的基础上，提出制约两者互动发展的障碍性因素主要是：地方政府作为主管部门，对高校与社区教育互动发展的意义认识不够；二者合作存在认识与利益差异；双方互动没有稳定交流平台，缺乏行之有效的共享机制和激励机制。[②]刘芳认为高校在促进社区教育发展过程中存在着某些不足：一是参与面窄，形式内容单一；二是缺乏长效合作机制；三是发展效果有待提高；四是未来发展空间有限。[③]徐发秀认为，城镇化进程中地方高校参与社区教育面临的问题主要是思想认识不到位，经费不足，管理体制与激励机制缺失。[④]

综合学者们的观点，关于高校在参与社区教育过程中存在的问题，笔者认为主要从政府、高校、社区三个方面进行分析。政府层面：国家相关政策法规的缺失，资源整合能力不足，经费投入不足；高校层面：高校定位不清，与社区的互动机制和资源共享机制建立不健全；社区层面：社区自身对社区教育不重视，教育需求多样化，社区教育形式单一。

[①] 靳蓬、王艳霞：《社区教育：高校参与社会管理的切入点》，《成人教育》2012年第8期。
[②] 刘佳龙、王菁：《地方高校与社区教育互动发展的路径探索》，《乐山师范学院学报》2013年第11期。
[③] 刘芳：《高校促进社区教育发展路径探析》，《中国成人教育》2015年第11期。
[④] 徐发秀：《城镇化进程中地方高校参与社区教育的路径选择》，《黑龙江教育学院学报》2016年第9期。

三、高校经济和创新引领学习型城市建设

国外关于高等教育和社会城市的相关研究侧重于经济方面，比较经典的理论成果有T. W. 舒尔茨（T.W.Schultz）的人力资本理论，丹尼森的增长因素分析法及罗默、卢卡斯的内生经济增长理论等。舒尔茨通过研究得出，"各级教育投资的平均收益率大概为17.3%，教育投资增长的收益在劳动收入增长这个维度中高达70%，'教育资本'这一要素对经济增长的贡献率大约为33%"[①]。同一时期的苏联学者С.Л.科斯塔年以教育费用的不同作为劳动力质量修正尺度，计算得出苏联1965—1970年教育对国民收入增长贡献率为18%。[②] 美国学者丹尼森（1962）对美国经济增长因素进行了详尽的分析和计量，从结果明显可以看出正规教育年限增加对经济增长的贡献。丹尼森还较好地解决了用传统经典方法计量劳动和资本，对国民收入增长的作用所产生而无法用劳动和资本投入阐释的"残留"问题，被称为"丹尼森系数法"或"增长因素分析法"，这对于我们直观地认识智力投资对现代经济增长的巨大作用，具有较高的借鉴价值。

20世纪80年代后，卢卡斯和罗默等人创立了内生经济增长理论，更加明确了教育通过增加劳动力资本积累成为经济增长的重要源泉，这一理论被广泛接受并应用于教育对经济增长的实证研究中。内生经济增长理论认为，经济增长的动力来自于对人力资本、创新和知识的投

---

① [美] 西奥多·W. 舒尔茨：《教育的经济价值》，曹延亭译，吉林人民出版社1982年版，第130—132页。
② [苏] С.Л.科斯塔年：《教育经济学的对象和方法》，西成译，教育科学出版社1981年版，第78—83页。

资。对内生经济增长理论最简单的理解就是我们平时所说的"科学技术是第一生产力"。弗兰特（Forrant）以利莫瑞克大学（University of Limeric）为例的研究表明"利莫瑞克大学在经济和社会发展的直接利益贡献，对那时欧洲现有的大学概念来说无疑是一个质的飞跃"。埃内斯托·塔沃莱蒂（Ernesto Tavoletti）以卡迪夫大学为例，从消费支出和知识两个角度实证评价了高等教育对区域经济的影响。[1] 舒伯特（Schubert）和克罗尔（Kroll）考察了区域溢出效应和区域吸收能力的调节效应，结果表明，大学知识生产对区域经济发展具有显著的长期影响，对人均GDP和就业增长有拉动作用，对吸收能力较强的区域作用更加突出。[2]

约瑟夫·斯蒂格利茨等人对学习型社会与经济增长的研究彻底打破了传统的经济发展"比较优势"理论的神话。他明确提出，一个国家最重要的"禀赋"是它的"学习能力"，而这种"学习能力"受到这个社会的知识存量、关于学习的知识、关于其自身学习能力知识的影响，一个国家在制定政策时，要使政策能够利用其在知识和学习能力方面的比较优势。[3] 卢卡斯（Lucas）（1988）界定了专业人力资本概念并论证了专业人力资本对创新能力所起的重要推动作用。琳科（Link）和斯科特（Scott）认为，在不同区域，各类园区形式也会有所不同，在

---

[1] Ernesto Tavoletti, "Assessing the Regional Economic Impact of Higher Education Institutions: An Application to the University of Cardiff", *Transition Studies Review*, Vol.14, No.1（December 2007）, pp. 507−522.

[2] T. Schubert, H. Kroll, "Universities' Effects on Regional GDP and Unemployment: The Case of Germany", *Papers in Regional Science*, 2016, pp. 467−489.

[3] ［美］约瑟夫·斯蒂格利茨、［美］布鲁斯·格林沃尔德：《增长的方法——学习型社会与经济增长的新引擎》，陈宇欣译，中信出版社2017年版，第23页。

美国研究型园区出现最多，欧洲是科学型园区，而亚洲则表现为技术型园区居多。皮尤（Pugh）认为基于三螺旋理论的"大学—产业"政策可能并不一定适用于后进地区或欠发达地区，由于不同地区的知识吸收能力和大学的技术转移能力存在差异，因此，对于在过往研究中强调大学的"第三使命"和知识工厂的角色提出了质疑，认为将大学在发达地区的"区域角色"程式化地在那些欠发达地区的产业领域推进，收到的经济效益欠佳，因此，在不同区域情境下，有关大学的政策实施须因地制宜。[1]

国内相关的研究多以人力资本理论为基础，探讨高校通过人才培养对经济增长贡献的研究成果较多。我国经济学家厉以宁分析了教育对就业、国际收支平衡和收入分配等方面的社会经济功能，并从宏观和微观角度分析了智力投资效果。[2] 秦宝庭等分别从教育对劳动者素质和劳动生产率、人口和劳动力影响、科学研究促进、消费等方面阐释了教育与经济增长的关系。[3] 王永杰等认为大学汇聚的各类顶尖人才是区域知识创新的源头的重要保障，大学是知识创新与知识传播的双重基地，肩负着培养大批有创新精神和创新能力的高素质人才的使命。[4] 彭清华通过实际计算得出，我国高教的发展自改革开放以来对高教规模经济具有较好贡献，尤其是高等教育扩招以后，高教规模经济效应乘数由1.11提升到1.76，

---

[1] R. Pugh, "Universities and Economic Development in Lagging Regions: 'Triple Helix' Policy in Wales", *Regional Studies*, Vol.51, No.7（May 2017）, pp.982–993.
[2] 厉以宁：《教育经济学》，北京出版社1984年版，第1—3页。
[3] 秦宝庭：《教育与经济增长》，江西教育出版社1992年版，第81页。
[4] 王永杰、陈家宏、陈光、马跃：《研究型大学在知识创新中的地位和作用》，《科学学研究》2000年第6期。

提升了58.93%。^①朱迎春基于Feder两部门模型思路，运用1999—2005年全国各省区面板数据测算证明了高等教育在经济部门中"规模"很小，但是对经济促进作用很大。^②

钱晓烨、迟巍和黎波基于中国大陆在1997—2006年的经济数据，分析得出受教育程度越高的人力资本对本区域创新能力的推动越突出。^③李汉通和梁海明通过对2001—2008年中国内陆30省、自治区、直辖市的面板数据分别探究了科研所、高校和企业人力资本这3类人力资本对区域创新能力的影响，认为企业和高校人力资本分别对中国14个和17个区域的创新能力明显正相关。^④谢祥家从西部的经济发展数据入手进行分析，研究得出西部区域创新能力应该由人力资本决定。^⑤余琳运用2003—2012年中国部分区域的面板数据研究得出，区域经济增长和人力资本对该区域的技术创新能力影响较为显著，且人力资本对区域技术创新能力的影响系数比区域经济增长的影响系数要大。^⑥周永红、熊洋通过研究进一步发现高等教育质量对区域经济发展具有积极的影响，认为高等教育质量提升对经济的推动效果超过高等教育规模扩张所起

---

① 彭清华：《高校扩招的经济社会贡献研究》，博士学位论文，中南大学，2011年，第11—29页。
② 朱迎春、王大鹏：《高等教育对区域经济增长贡献——基于省际面板数据的实证研究》，《软科学》2010年第2期。
③ 钱晓烨、迟巍、黎波：《人力资本对我国区域创新及经济增长的影响——基于空间计量的实证研究》，《数量经济技术经济研究》2010年第4期。
④ 李汉通、梁海明：《人力资本对我国区域创新贡献的差异性分析》，《湖南科技大学学报》2012年第7期。
⑤ 谢祥家：《西部地区人力资本积累对技术创新能力作用机制研究》，硕士学位论文，云南大学，2013年，第28—43页。
⑥ 余琳：《西北地区技术创新能力影响因素分析》，硕士学位论文，新疆大学，2015年，第38—53页。

到的作用。① 刘克勤同样也认为地方高校是经济增长的核心要素与社会潜在创新主体。② 杨延东、杨道宇认为，高校的经济功能应定位在对科技创新的促进、对创新型人才的培育和对产学研协同创新的促进上。③ 胡曙虹、黄丽和范蓓蕾等研究发现，大学的创新产出均对区域经济发展具有拉动作用。④

四、高校智库引领学习型城市建设

1825 年，弗吉尼亚大学的创办者托罗斯·杰弗逊，提出了"州立大学应成为建设各州的智囊团和人才的策源地"的主张，这成为美国大学智库服务社会思想的萌芽。美国学者保罗·迪克逊（Paul Dickson）1971 年出版的首部专门智库研究著作——《思想库》被认为是现代智库研究的开山之作，该著作系统地介绍了美国思想库的发展历史。⑤ 随着智库专题的研究开始启动，詹姆斯·史密斯（James Smith）详细地梳理并分析了思想库专家团体发展壮大的过程。⑥ 戴维（David）则聚焦于新时期

---

① 周永红、熊洋：《高等教育质量对我国经济发展的影响——基于省际面板数据的实证研究》，《湖北大学学报（哲学社会科学版）》2013 年第 7 期。
② 刘克勤：《地方普通高校服务区域创新驱动发展探析》，《教育发展研究》2014 年第 4 期。
③ 杨延东、杨道宇：《"五位一体"的高校社会服务功能观——试论中国高等教育的功能创新》，《教育探索》2015 年第 6 期。
④ 胡曙虹、黄丽、范蓓蕾、肖刚：《中国高校创新产出的空间溢出效应与区域经济增长——基于省域数据的空间计量经济分析》，《地理科学》2017 年第 1 期。
⑤ Paul Dickson, *Think-tanks*, NewYork: Atheneum, 1971, pp.19-81.
⑥ James Allen Smith, *The Idea Brokers:Think Tanks and the Rise of the New Policy Elite*, New York: The Free Press, 1990, pp.48-81.

美国华盛顿地区各种思想库的兴起和发展历程。[1] 邓汉姆（Denham）和加耐特（Garnett）专门介绍了英国思想库发展历程及当时的主要思潮。[2] 这一时期的高校智库如雨后春笋般出现，研究侧重于历程梳理。萨拉（Sarah）等对大学教学和研究人员合作的智库发展模式进行了分析，提出有经验的教师和大学研究人员的合作，有助于促进鼓励协作、创造思考和改变机会的社会情景的形成。[3] 米西罗利（Missiroli）等人认为高校智库逐渐摆脱对纯粹学术研究的依赖。[4] 拉希德（Rashid）聚焦孟加拉国智库对政府政策制定的影响进行了分析，提出由于当地政府对于外部政策建议持排斥态度，所以智库对于政策制定的影响力十分有限。[5]

国内智库研究大概正式开始于20世纪80年代，吴天佑、傅曦对美国主要智库进行了比较详细的介绍，并对其进行了分类。[6] 朱锋首次系统介绍了布鲁金斯学会、兰德公司、美国国会研究服务部等美国十大著名智库。[7] 丁煌则重点阐述了美国智库的类别、特点及其发展历程，并对中国智库研究方向提出展望。[8] 北京太平洋国际战略研究所系统介绍了世界各

---

[1] David M. Ricci, *The Transformation of American Policies: The New Washington and the Rise of Think Tanks*, New Haven and London: Yale University Press, 1993, pp.15-60.
[2] Andrew Denham, *British Think-tanks and the Climate of Opinion*, London: Routledge, 2005, p.54.
[3] Sarah K. Henry, Judith A. Scott, Jan Wells, Bonnie Skobel, Alan Jones, Susie Cross, Cynthia Butler, Teresa Blackstone, "Linking University and Teacher Communities: A 'Think Tank' Model of Professional Development", *Teacher Education and Special Education*, Vol.22, No.4 (1999), pp.251-268.
[4] A. Missiroli, I. Ioannides, "European Think Tanks and the EU", *Berlaymont Paper*, 2012, pp.15-21.
[5] A. K. Rashid, "Efficacy of Think Tanks in Influencing Public Policies: The Case of Bangladesh", *Asian Journal of Political Science*, Vol.21, No.1 (April 2013), pp. 62-79.
[6] 吴天佑、傅曦：《美国重要思想库》，时事出版社1982年版，第20—99页。
[7] 朱锋：《领导者的外脑－当代西方思想库》，浙江人民出版社1990年版，第36—62页。
[8] 丁煌：《美国的思想库及其在政府决策中的作用》，《国际技术经济研究学报》1997年第8期。

国主要智库中政府和企业在决策中的角色和影响，同时对这些智库的内部人员结构、课题研究现状和运营机制等情况进行了阐释。[1] 21世纪开始，针对智库研究对象，国内学者由介绍国外智库逐渐拓展到我国智库的相关概念和发展现状等问题的研究中。杨玉良认为大学智库应依托多学科综合、学术研究与人才培养相结合、基础与应用研究相结合和国际化等一系列优势，为国家和社会作出更大的贡献。[2] 梁宵萌调研了美国26家高校智库，提出美国顶级高校智库信息服务成果类型多样，服务的开展大多依托图书馆资源，并注重发展定制服务及利用社会媒体传播信息。[3] 曹健等通过网络调研法对国外高校智库进行调研，提出高校图书馆行使智库成果收集整理、保存传播的职能，高校智库的机构知识库主要是高校图书馆负责建设和维护。[4] 储节旺等通过构建模型等方法，分析了我国高校智库运行机制等存在的问题，提出自上而下构建政府—智库—社会决策咨询体系。[5] 张日新等通过收集广州高校人文社科智库数据，建立了高校智库影响力评价指标体系，并对高校智库异质性和影响力之间的关系进行分析。[6] 郝巡从知识管理视角，提出高校智库知识管理能力包括知识获取、应用、扩散等能力，并构建了高校智库知识管理能力评价

---

[1] 范贤睿等：《领袖的外脑：世界著名思想库》，中国社会科学出版社2000年版，第63—105页。
[2] 杨玉良：《大学智库的使命》，《复旦学报（社会科学版）》2012年第1期。
[3] 梁宵萌：《美国顶级高校智库的信息服务调查》，《图书馆论坛》2017年第6期。
[4] 曹健、孙会清、秦荣环、杜鑫：《国外高校智库成果调查分析与启示》，《情报杂志》2016年第8期。
[5] 储节旺、朱丽梅：《服务于创新驱动发展战略的政府智库运行机制研究》，《情报理论与实践》2018年第1期。
[6] 张日新、杨松青、李韵婷：《高校智库异质性和影响力评价研究——基于58家高校人文社科智库数据的检验》，《情报杂志》2018年第3期。

体系，进行了实证分析。[1]王国光提出高校智库要从规划城市未来发展、服务城市政策制定、利用城市教育资源、实现城市供需对接等方面服务于学习型城市建设。[2]

五、高校机制引领学习型城市建设

1862年，美国总统林肯签署了著名的《莫里尔法案》，即政府赠予土地给各州创立大学的法令，开创了高校服务社会的新时代，高校的社会服务呈现出更加注重实用性人才培养的倾向。美国威斯康星大学校长查理斯·范海斯提出的"服务应该是大学唯一的理想""学校的边界就是州的边界"等想法被总结为"威斯康星思想"，这种理念为其他高等学校提供了发展的导向并树立了榜样。1887年美国的《哈奇法案》在《莫里尔法案》的基础上，建立了以农业为基础的推广型服务政策，在各个不同领域进行科学技术的推广和分层次教育。C. 克尔在《多元社会中的多元大学》一书中进一步明确了大学的鲜明特征是与社会广泛联系，并揭示了现代大学与社会的复杂联系。[3]英国比较教育家E. 阿什比（E. Ashby）对美国高等教育作出如下评论："美国对高等教育的贡献是拆除了大学校园的围墙。当威斯康星大学的范海斯校长说学校的边界就是州的边界时，表明这是大学演变过程中一个罕见的改革创

---

[1] 郝巡:《高校智库知识管理能力评价研究》，硕士学位论文，黑龙江大学，2018年，第30—61页。
[2] 王国光:《困境与路径：高校智库服务学习型城市建设的分析研究》，《职教论坛》2019年第9期。
[3] 刘哲:《广西高校社会服务职能研究》，硕士学位论文，湖南师范大学，2009年，第12—30页。

举。历史已经证明这是一次正确的改革，其他国家开始纷纷效仿这种美国模式。"①

1990年全美近50所地方性州立大学的校长联合签署了《都市大学宣言》，使"相互作用大学"的社会服务理念得以在州立大学中确立。该宣言提出，大学机构应当反映都市社区的发展需要，通过教学、研究和提供专业服务的方式，寻求新的途径以协助领导者解决都市社区发展的问题。亨瑞·埃茨科瓦茨（Henry Etzkowitz）首次提出使用三螺旋模型来分析政府、产业和大学之间关系的动力学，并用以解释政府、企业和大学三者间在知识经济时代的新关系。约翰·布伦南（John Brennan）提出高等教育在改变社会环境的同时，自身的内涵也在随之改变，它们之间的关系是相互作用的。②斯里尼瓦斯（Srinivas）等以芬兰的案例研究提出大学提供的高等教育、有效的产学合作、技术创新和社区开发等对于地区社会福祉有积极影响。③罗伯特·皮亚扎（Roberta Piazza）利用学习型模型展示了高校与区域经济之间的关联，并以黄金海岸大学为案例研究，"阐述了学校对区域经济发展的贡献、企业的发展、技术转移、资源供应链、技术研发、校企合作和社区参与"④。戴维·J.韦尔茨（David J.Weerts）等研究了公立研究型大学的单向线性模式和双向参与互动模式在社会服务过程中的有利因素和障碍，

---

① E. Ashby, *Any Person, Any Study: An Essays on Higher Education in the United States*, New York: McGraw-Hill, 1979, p.64.
② John Brennan, "Higher Education and Social Change", *High Education*, Vol. 56(2008), p.381.
③ S. Srinivas, K. Viljamaa,"Emergence of Economic Institutions: Analysing the Third Role of Universities in Turku, Finland", *Regional Studies,* 2008, pp. 323-341.
④ Roberta Piazza, "The Learning Region between Pedagogy and Economy", *European Journal of Education*, Vol. 45, No. 3 (2010), Part I.

并提出了解决办法。①林德罗夫和洛夫斯顿（Lindelof & Lofsten）研究提出国家政策对保证产教融合的有效运行必不可少。②德国卢塞恩大学校长鲁道夫·施迪希伟以德国大学的制度结构为研究对象，提出德国政府、社会与大学的关系既显紧密性，也具相对独立性，大学的发展依靠城市但又保有治学的自主性，大学与城市的互动关系相对和谐。③

我国学者潘懋元、刘振天提出，在知识经济时代，大学必须走出自我封闭的办学方式，走"产学研一体化"办学之路。④王锡宏提出，要为更好地服务社会，区域高校社会服务需要系统而完备的机制予以保证，可以划分为外部机制和内部机制两大部分，宏观调节机制、中观调节机制和微观调节机制三个层次，提出学校要建立健全区域高校内部的动力机制、导向机制、激励机制、平衡机制、评价机制、分配机制、管理机制、自我发展机制等，指出提高高校对自身发展、社会贡献的价值和作用的认识程度和水平是动力机制的关键因素。⑤王旭东提出地方高校还没有将拓展社会服务职能提上重要的议事日程，缺乏有效的体制机制，认为高校须成立为区域经济服务的专门工作机构，将服务工作整合到学校的计划当中，建立服务工作的激励机制，还要配

---

① David J. Weerts & Lorilee R. Sandmann, "Building A Two-Way Street: Challenges and Opportunities for Community Engagement at Research Universities", *The Review of Higher Education*, Vol. 32, No. 3 (June 2008), pp.73-106.
② Peter Lindelöf & Hans Löfsten, "Proximity as A Resource Base for Competitive Advantage: University-Industry Links for Technology Transfer", *The Journal of Technology Transfer*, Vol. 29(August 2004), pp.311-326.
③ 鲁道夫·施迪希伟、刘子瑜:《德国大学的制度结构》，《北京大学教育评论》2010年第7期。
④ 潘懋元、刘振天:《发挥大学中心作用 促进知识经济发展》，《教育研究》1999年第6期。
⑤ 王锡宏:《区域高校社会服务机制的构建》，《山东师范大学学报（人文社会科学版）》2003年第6期。

套有相应的考核激励机制。[1] 王东京认为高校在区域经济建设中要积极配合国家和地方发展战略，构建服务区域经济建设的长效机制。[2] 周旭清、王思民从高校人才运行机制、办学体制、专业体系和人才培养模式等几个方面论述了高校适应区域经济发展的策略。[3]

徐连福和李波对美国高校与地方社会互动关系进行了深入研究，认为美国高校与地方的经济发展已经建立起了良好的相互需要、相互依赖的关系，并形成了高校主导模式、产学研结合模式和共生模式等来服务地方经济文化建设。值得注意的是，政府健全的体制保障保证了产学研结合的有效运行。[4] 蒋红对上海开放大学服务学习型城市建设的路径进行了分析，提出了上海开放大学在创新开放教育人才培养模式、健全质量保障体系、信息技术与教育教学的深度融合、学分银行建设、优质资源汇聚与利用等方面的战略实施重点。冯子芳认为地方本科高校在推进产教融合时要做到"五对接"，即对接服务地方、对接产业行业规划、对接企业革新、对接行业企业标准、对接政府和社会资源。[5] 王军超、张亚靖、张倩基于京津冀地区就业吸引力的视角，在宏观层面对政府、高校和区域联动机制进行了探索，并将"互联网+"的思维融入联动机制中。[6] 洪宇就高等教育与区域经济协同发展提出，高校要转变教学观

---

[1] 王旭东：《论地方高校社会服务职能的拓展》，《中国高教研究》2007年第8期。
[2] 王东京：《地方高校服务社会主义新农村建设的对策》，《江苏高教》2008年第9期。
[3] 周旭清、王思民：《地方高校服务区域经济发展的新思考》，《教育学术月刊》2011年第1期。
[4] 徐连福、李波：《美国高校服务地方经济文化建设模式及对我国的启示》，《中国成人教育》2012年第6期。
[5] 冯子芳：《地方应用型本科院校深化产教融合的路径探究——以钦州学院为例》，《管理观察》2016第5期。
[6] 王军超、张亚靖、张倩：《高校人才培养与区域经济发展联动机制建设研究——基于京津冀地区就业吸引力的视角》，《经济研究参考》2016年第7期。

念，制定新的人才培养模式，实现知识转移和包容性增长。[1]吴战勇就高校与区域经济之间的良性互动和协同发展提出要构建二者协同发展的机制。[2]

---

[1] 洪宇:《高等教育与区域经济协同发展下的知识转移及包容性增长》,《中国成人教育》2017年第3期。
[2] 吴战勇:《地方高校与区域经济创新发展的协同机制研究》,《黑龙江高教研究》2017年第1期。

第三节　高校参与学习型城市建设的相关法律、政策

《终身教育、终身学习与学习化社会》提到，作为学习型社会形成的基本条件是，个人应当成为学习型个人、家庭应当成为学习型家庭、组织应当成为学习型组织、社区应当成为学习型社区、城市应当成为学习型城市、政府应当成为学习型政府。[1] 学习型城市建设与终身教育、终身学习和学习型社会理念密切相关。事实上，这三大理念的广泛传播为学习型城市建设奠定了坚实的理论基础。法国、欧盟、美国、日本和韩国的法律和政策相对比较完备，因此，本研究围绕终身教育、终身学习和学习型社会理念，重点对上述国家或地区的相关法律和政策进行梳理。

法国是终身教育立法最早的国家，政府高度关注普通民众继续学习权利、职业培训和高校参与终身教育，不仅通过出台政策保障，还通过立法来予以推动。早在1919年，法国政府就颁布了具有里程碑意义的关于规范成人初等教育的《阿斯杰法》（*Loi Astier*），该法大大促进了法国职业教育的发展。1947法国议会通过的《郎之万—瓦龙教育改革方案》，要求青年在学校教育结束后应继续接受社会教育，为继续教育的发展奠定了基础。[2] 1938年，法国劳动部提出"工人培训"建议，开展

---

[1] 高志敏:《终身教育、终身学习与学习化社会》，华东师范大学出版社2005年版，第277页。
[2] 李瑜:《法国终身教育立法及其对我国的启示》，《湖北大学成人教育学院学报》2009年第2期。

成人职业速成培训。1960年制定的《高等教育基本法》要求大学协助开展"终身教育"并开设相应的课程。1963年颁布《职业培训法》明确继续教育的地位。1971年7月法国颁布了《终身继续教育法》《职业训练法》《技术教育法》《企业主承担初等阶段职业技术教育经费法》。其中,《终身继续教育法》的颁布意味着终身教育发展步入了法制化的发展轨道。随后,法国在1984年通过的《高等教育基本法》中进一步明确提出,高等教育必须开展终身教育理论研究、实施终身教育和培养终身教育教师。终身教育因此被认为是教育制度改革的重要使命,这一点在1989年颁布的《教育方针法》中再次被确认。在这部法律文件中,终身教育的理念成为法国教育政策的一个重要组成部分。

欧盟1993—1995年分别发布了《成长、竞争力与就业:影响二十一世纪的挑战与途径》、《欧洲社会政策:欧盟的未来之路》和《教与学:迈向学习社会》。这三份文件强调未来社会必将是一个学习的社会,体现了欧盟实现终身学习和构建学习型社会的理想,[①]1996年被欧盟正式确立为"欧洲终身学习年",表明了欧盟推动欧洲终身学习以及构建学习社会的信心与决心。

美国已经建立了较为完善的关于终身教育的立法体系,终身学习亦在美国教育体系中确立了牢固的地位。无论是终身教育还是终身学习的理念都逐渐渗透到了国家的各种教育内容、教育规划以及评估当中。在美国,大学和学院已成为实施终身教育的主要机构,大学的继续教育和培训开展相对较好,并且现代化教育技术在大学、社区学院的终身教育领域被广泛应用。早在1966年美国联邦政府通过并开始积极实施《成人教育法》,1973年,美国卡内基高等教育委员会发表了《迈向学习社

---

① 厉以贤:《学习社会的理念与建设》,四川教育出版社2004年版,第32—34页。

会》(Toward a Learning Society)的报告书，提出了构建学习社会的具体设想。1976年，美国国会正式通过《终身学习法》(Lifelong Learning Act)。1983年，美国国家高质量教育委员会（National Commission on Excellence in Education）提交了《国家处在危险中：教育改革势在必行》的报告书，讨论了终身学习与学习型社会的问题，大学（社区学院）由此成为推动学习型社会的重要力量。1991年，美国教育改革的纲领性文件——《美国2000年教育战略》(America 2000: An Education Strategy)特别强调了终身学习的重要性。1994年，克林顿政府通过了《2000年目标：美国教育法》，号召社会各部门要担负起创造"终身学习环境"的责任，并为建立完善的社区学院系统而努力，最终意在通过对各种教育形态的关注提供更多的学习机会，力求达到拓展社会成员终身发展潜力的目标。[1]

日本终身教育立法旨在促进经济产业的振兴，虽然一定程度上通过立法的形式推动了终身教育的发展，但是并没有实现终身教育理念真正的融合与发展。日本于1981年发表了《关于终身教育》咨询报告书，系统阐述了终身教育的理念，1990年颁布了《关于振兴终身（生涯）学习法律》，该法律致力于终身教育体系与国民教育体系的融合，并力促政府积极主动地发展终身教育。2002年日本政府又颁布了《关于完善终身（生涯）学习振兴措施及推进机制》。上述法律对终身教育、终身学习的相关内容以及发展规划、组织机构等作了明确规定，是完整意义上的终身教育成文法。[2]

---

[1] 纪军：《当代美国终身教育的发展论略》，《外国教育研究》2003年第11期。
[2] 吴遵民、黄健：《国外终身教育立法启示——基于美、日、韩法规文本的分析》，《现代远程教育研究》2014年第1期。

韩国的相关法律和政策可操作性比较强，对终身教育等理念的推广起到了较大的促进作用。韩国1982年发布的《社会教育促进法》提出政府在终身教育中负有重要责任。1987年韩国《宪法》第九次修订中首次引入了"终身教育"的概念，明确提出"国家提倡终身教育"。1996年，《社会教育促进法》更名为《终身学习法》，并补充了成人教育、社会教育、职业教育以及补习教育的相关内容，涉及终身教育机构的设置以及专门的师资问题等，1999年进一步修订并改名为《终身教育法》，该法从体制机制上为保障公民的终身学习权、整合各种教育资源、建构终身教育体系提供了有效和可行的途径。2007年新修订的《终身教育法》重新界定了"终身教育"的范围，增加了关于振兴计划的相关内容，对专职工作人员作出了规定。

我国的法律体系对提高公民素养、构建现代国民教育体系、健全终身教育体系等作出了明确的规定，并对高校在上述进程中的定位提出了原则性的要求。我国宪法第十九条规定："国家发展各种教育设施，扫除文盲，对工人、农民、国家工作人员和其他劳动者进行政治、文化、科学、技术、业务的教育，鼓励自学成才。"《中华人民共和国教育法》（自1995年9月1日起施行）规定要"完善现代国民教育体系，健全终身教育体系"，"为公民接受终身教育创造条件"。《中华人民共和国高等教育法》（自1999年1月1日起施行）第五条规定，"高等教育的任务是培养具有社会责任感创新精神和实践能力的高级专门人才，发展科学技术文化，促进社会主义现代化建设"；第三十一条规定，"高等学校应当以培养人才为中心，开展教学、科学研究和社会服务，保证教育教学质量达到国家规定的标准"；第三十五条规定，"高等学校根据自身条件，自主开展科学研究、技术开发和社会服务"。《中华人民共和国教师法》（自

1994年1月1日起施行）第八条规定，教师有权利"组织、带领学生开展有益的社会活动"。《中华人民共和国公共文化服务保障法》（自2017年3月1日起施行）第三十二条规定，"国家鼓励和支持机关、学校、企业事业单位的文化体育设施向公众开放"。

党和国家的相关政策文件对构建现代国民教育体系和终身教育体系，推动学习型组织建设、学习型社区建设和建设学习型社会提出了更加具体的要求，明确了高校在学习型城市建设中的定位和作用，并对建设学习型城市提出了主要任务和政策措施。2000年，我国在亚太经合组织（APEC）人力资源高峰会议上率先提出要"构筑终身教育体系，创建学习型社会"。党的十六大报告在论述实现全面建设小康社会宏伟目标中提出了"形成全民学习、终身学习的学习型社会，促进人的全面发展"，这是党中央的正式文件中首次提出建设学习型社会。党的十六届三中、四中全会又分别提出，"构建现代国民教育体系和终身教育体系，建设学习型社会，全面推进素质教育，增强国民的就业能力、创新能力、创业能力，努力把人口压力转变为人力资源优势"，"营造全民学习、终身学习的浓厚氛围，推动建立学习型社会"。《面向21世纪教育振兴行动计划》提出，"开展社区教育实验工作，逐步建立和完善终身教育体系，努力提高全民素质"，"有条件的高等学校要开设继续教育课程，建设继续教育基地"。2002年5月7日，中共中央办公厅、国务院办公厅印发的《2002—2005年全国人才队伍建设规划纲要》提出：构建终身教育体系。在加快普通教育发展的同时，大力发展成人教育、社区教育，推进教育培训的社会化。开辟教育培训新途径，加快发展远程教育，建立覆盖全国的教育培训信息网，形成终身化、网络化、开放化、自主化的终身教育体系。加强对终身教育的规划和协调。完善有关法律法规。加大继续教育力度，形成国家、单位、个人三方负担的继续教育投入机制。开展创建"学习型组织""学习型社区""学习型城市"活动，促进学习型社会的形成。2003年12月，《中共中央国务院关于进一步加强人才工作的决定》提出："加快构建终身教育体系，促进学习型社会的形成。在全社会进一步树立全民学习、终身学习理念，鼓励人们通过多种形式和渠道参与终身学习，积极推动学习型组织建设和学习型社区建设。加强终身教育的规划和协调，优化整合各种教育培训资源，综合运用社会的学习资源、文化资源和教育资源，完善广覆盖、多层次的教育培训网络，构建中国特色的终身教育体系。"2003年，《中共中央国务院关于进一步加强人才工作的决定》提出："着眼国家发展和战略需要，深化高等教育体制改革，加强高等教育与经济社会的紧密结合，调整学科和专业结构，创新人才培养模式，建立教育培养与人才需求结构相适应的有效机制。"2004年，《2003—2007年教育振兴行动计划》提出："充分发挥普通高等学校、成人高等学校、广播电视大学和自学考试的作用，积极推进社区教育，形成终身学习的公共资源平台。"

教育主管部门在推动和落实学习型城市建设方面出台了具体的政策和措施，要求高校在人才培养、科学研究和社会服务方面发挥作用，并在专业建设和专门人才培养方面提出了具体要求。《教育部关于进一步加强高等教育自学考试工作若干问题的意见》提出："高等教育自学考试是我国高等教育的重要组成部分，在建立终身教育体系的进程中处于重要的地位。""各级教育行政部门、高等教育自学考试委员会和自学考试机构要努力为全面建设小康社会服务，站在建立与完善现代国民教育体系，建设全民学习、终身学习的学习型社会的战略高度……继续坚持发展高等教育自学考试事业的方针不动摇。"2014年，教育部等七部门《关于推进学习型城市建设的意见》认为：建设学习型社会是实现"两个一百年"奋斗目标和中华民族伟大复兴中国梦的重要内容和有力支撑，建设学习型城市是实现学习型社会的重要基石，同时提出，"发挥高等教育在人才培养、科学研究、社会服务等方面的重要作用"。2016年，教育部等九部门在《关于进一步推进社区教育发展的意见》中提出，要"广泛开展学习型乡镇（街道）、学习型社区、学习型家庭等各类学习型组织创建活动，推动学习型城市建设……鼓励高等学校、职业学校开设社区教育相关专业，鼓励引导相关专业毕业生从事社区教育工作"。

第四节　学习型城市大会梳理

————◎————

2013年，第一届国际学习型城市大会在北京召开，会议以"全民终身学习：城市的包容、繁荣及可持续发展"为主题，探讨了全民终身学习在城市发展繁荣与社会和谐中的重要作用，并研究了学习型城市的特点以及推进学习型城市建设的重大战略。联合国教科文组织在大会上通过了两个对未来学习型城市的建设与发展极具战略意义的文件，即《学习型城市的主要特征》和《建设学习型城市北京宣言》。[①] 同时它还宣布启动全球学习型城市网络（Global Learning Cities Network，GLCN），旨在通过鼓励城市教育系统的内部投资和帮助市政府官员运用清晰的标准（即《学习型城市的主要特征》）评价自己从而认识自己与其他城市的差距，进而提高全世界的教育机会。2014年，UNESCO的GLCN团队发布了第一期以建设学习型城市的重要性为主题的简报，该团队表示今后会以季刊的形式公布GLCN最新动态和取得的成果。

2015年，联合国教科文组织第二届国际学习型城市大会在墨西哥城举行。来自联合国教科文组织76个成员的300多名代表出席会议，大会一致通过了建设学习型城市墨西哥城声明。声明提出，要以2013年《建

---

① 李冬平:《首届国际学习型城市大会举行》,《教育发展研究》2013年第11期。

设学习型城市北京宣言》《学习型城市的主要特征》为基础，进一步推进全球学习型城市的建设。各国政府应完善相关法律架构，促进全民学习、终身学习，支持学习型城市的发展；各城市应确保所有市民均享有终身教育的权利和机会，并制订切实可行的落实方案和措施；各组织、部门之间应发挥联动作用，健全终身学习机制；私营企业与民间团体应积极参与，帮助改善教育质量，提供更多教育机会，营造良好学习氛围；各城市应以"联合国教科文组织建设学习型城市指导方针"为战略导向，全面推进学习型城市建设。声明强调，联合国教科文组织应不断扩大其学习型城市全球网络，并确保该网络的多样性和包容性；同时，应设立联合国教科文组织学习型城市双年奖，对建设学习型城市中的突出成就和贡献给予奖励。

2017年9月，第三届国际学习型城市大会秉承前两届大会的精神和共识，对全民终身学习、学习型城市建设与可持续社会发展的重要议题深入研讨交流，形成的《建设学习型城市科克行动倡议》和《学习型城市与可持续发展目标：地方行动指南》两个标志性成果文件，进一步申明了大会的基本认识，明确了学习型城市促进当地可持续发展在基础民生领域的重点。

2019年10月，联合国教科文组织（UNESCO）终身学习研究所和哥伦比亚麦德林市联合举办第四次国际学习型城市大会。大会通过的《麦德林宣言》提出，这次会议的主题为"包容"，认为包容是终身学习与可持续城市发展的基本原则；其核心概念"包容性教育"致力于教育系统与体制的整体式转换，包容作为终身学习的本质特征，尤其体现了学习的全民性与对个体受教育权的尊重与维护，特别保障弱势群体的终身学习机会，将包容作为终身学习和城市可持续发展的原则，其直接的现实背景是回应全球城市化挑战与机遇，助力《可持续发展2030议程》的目标达成，内在机理则是将终身学习作为促进城市发展的整体性方案。所提出的七点建议构成了未来学习型城市促进包容的行动要点。在2019年联合国教科文组织学习型城市奖颁奖晚会上，中国的成都、哥伦比亚的麦德林、埃及的阿斯旺、希腊的伊拉克利翁、尼日利亚的伊巴丹、乌克兰的梅利托波尔、马来西亚的佩塔林·贾亚、墨西哥的圣地亚哥、韩国的首尔西大门区和丹麦的森德堡10个城市，因促进当地社区的素质教育和全民终身学习而获此殊荣。

2021年10月27—30日，第五届国际学习型城市大会在联合国教科文组织全球学习型城市网络成员——韩国仁川延苏市成功举办。大会通过了《延苏宣言》和《2021—2023GLCN运营战略》，认为：新冠病毒大流行，对190多个国家和地区近16亿儿童、学生和无数的成人学习者的心理健康和福祉有着深远的影响；对弱势群体的打击最为严重；城市在促进健康学习和增强恢复力方面发挥着关键作用。承诺：必须展示政治意愿，关注每个城市的具体环境因素，实施当地保护和基本服务供应计划，增强保护自我健康的能力。建立城市中健康学习新范式，提高健康素养，加强公民健康意识。增强本地学习系统的弹性，确保学习机会包括和满足弱势群体的需求，正规教育部门确保继续学习和提供健康教育方面的适应性。提升当地非正规学习提供者的能力，利用城市中的非正式空间开展健康学习，在城市层面扩大利益相关者参与终身学习的范围，努力实现2030年17个可持续发展目标（SDG）。提出：要将以上承诺融合到地方行动和发展战略之中，利用并保持在新冠病毒大流行期间已经形成的创造力，实现资源多元化，筹集资金和发展金融机制，对城市新冠病毒的反应进行基于研究和数据反映的审查。呼吁各国政府采取新的终身学习政策。敦促教科文组织加强其网络之间的协作，通过知识共享、技术转让和良好做法的传播来加强全球学习型城市网络成员的团结，积极参与教科文组织全球学习型城市网络新战略中所述的活动。

〔**本章小结**〕

本章从学习型城市评价指标体系的发展，高校参与学习型城市建设的相关研究，高校参与学习型城市建设的相关法律、政策等方面对高校与学习型城市建设的相关文献资料进行了分析，并结合历届学习型城市大会标志性成果的梳理，完整地呈现了高校参与学习型城市建设的研究脉络和发展历程。

第三章

高校参与学习型城市建设的动力影响因素

本章首先从"上海经验"入手开展案例研究，探讨高校参与学习型城市建设的有益经验和存在的不足之处，依据组织环境理论构建高校参与学习型城市建设的动力影响因素框架；其次选取扎根理论作为研究方法开展研究设计；再次设计访谈问卷开展访谈；最后，运用扎根理论对访谈文本开展开放编码、主轴编码、选择编码和理论饱和度检验等研究，提取出高校参与学习型城市建设的动力影响因素。

第三章　高校参与学习型城市建设的动力影响因素

第一节　案例分析

1999年，上海提出建设学习型城市的目标，成为中国最早提出学习型城市愿景的城市。在上海，完整的社区教育网络已形成。其中，区级社区学院、老年大学81所，街镇社区学校、老年学校212所，村居委学习点5800多个，还有数以万计的楼组、睦邻点、中心户、宅基课堂。同时，上海继续教育资源非常丰富，有1所开放大学，61所高校继续教育学院，19所高校开设自学考试，还有多元的社会学习场所。其中，市民终身学习体验基地有130个，市民终身学习人文行走有270个点，主题线路有30条。此外，网络成为市民终身学习的新天地。"上海学习网"注册用户数已达443万，在线课程达3万多门。伴随着"互联网+"终身教育的进程加快，上海学习网为市民提供在线学习、活动分享、学友交流、学习地图、终身学习档案与学分认证等服务，点击量突破2.4亿次，提供在线课程3万门、电子书刊7万多册、有声图书6000余种，注册学习人数达到510万，市民成立网上学习团队8103个。老年人、青少年、白领、一线职工及外来务工人员、残障人士都能得到便捷的学习机会。上海高校充分发挥自身优势，为学习型城市建设的"上海经验"贡献了力量，接下来本书对其从不同视角进行剖析，以期为后续研究的开展提供借鉴。

一、上海高校引领学习型城市建设的有益经验

（一）科学研究：为学习型城市建设提供学术支撑

19世纪初，教育家洪堡、费希勒等人着力建立一批以科学研究为主要功能的新大学。我国20世纪90年代开始提出建设世界双一流大学的目标，将科学研究作为大学的基本职能之一，此后科学研究一直是高校的核心功能。学习型城市作为一种服务于城市可持续发展的社会创新实践，迫切需要相应的学术探索与理论支撑。为此，高校肩负着不可替代的重要使命。上海市学习型城市建设的成果离不开理论研究的支撑，其中高校发挥了重要作用，先后开展了学习型城市的理论研究，培养了专门研究人才，注重以国际化视野审视和推进本土学习型城市建设的理论研究与实践进程，以此引领学习型城市的建设。

1. 智库引领

华东师范大学率先设立了成人教育学科硕士点和博士点，成为我国成人教育理论研究和专门人才培养的重要基地。目前，该学科点设立在教育学部职业教育与成人教育研究所内，是国内富有学术影响力的成人教育科研机构。该学科点设有成人教育与终身教育基本原理、社区教育与社区发展、企业人力资源开发与培训、比较成人教育、文化传承与成人教育等研究方向，设立了成人教育研究中心、社区教育研究中心、老年教育研究中心、池田大作社会教育研究中心等，承担过国家及省部级多项重要研究课题，在成人教育学科建设终身教育理论研究方面发挥了重要作用。此外，同济大学、上海师范大学及上海外国语大学等上海高校，也先后设立了成人教育学科点，开展学习型社会的相关理论研究。2012年，上海市教委与华东师范大学联合成立了上海终身教育研究院。

该研究院密切关注上海及国家终身教育政策发展及战略需求，以建设终身教育领域的专业智库为己任，组建了专兼职相结合、校内外相结合、国际国内相结合的研究队伍，承担了一系列来自上海市教委及教育部的重大决策咨询课题，有力地支持了上海教育综合改革以及国家和地方的"十三五"发展规划、2035终身教育发展战略等重大决策咨询项目，已成为上海终身教育发展与学习型城市建设的思想库。研究院编撰出版了《上海终身教育发展报告》系列，初步建成了终身教育研究数据库，组织召开了终身教育上海论坛等国内外学术交流活动，逐步形成终身教育智库的系列产品，并与国际知名终身教育研究机构建立了多方面联系，形成了一定的国际影响力。研究院共计承担了40多项重大决策咨询项目，为教育部和市教委提交了决策参考简报70期、专报20余篇，通过参与一系列政策制定与评估，为上海市和国家的终身教育政策和学习型城市建设发展作出了积极贡献。

2. 理论创新

针对上海日益加剧的深度老龄化挑战，上海各高校积极作为、主动承担社会责任，利用自身资源优势大力发展老年教育，积极开展老年教育研究与实践，为老年教育发展提供理论和实践支撑。复旦大学、交通大学、同济大学、华东师范大学、上海财经大学、东华大学、华东理工大学、上海大学和上海师范大学均开办了老年大学，它们还在上海老年大学牵头下，成立了高校老年大学联盟，依循教育规律，开展了老年教育研究，出版了一批学术专著、论文集和专项教材，丰富了相关理论研究成果，引领老年教育实践发展。华东师范大学老年大学为顺应老年教育发展的内在要求，进一步提升学校老年教育工作的服务水平，成立了老年教育理论研究中心，积极开展了系列卓有成效的老年教育理论研究和实践探索，如"提升老年教育学习品质研究""老年教育特色课程建设研究"等，被上海老年教育研究院授予了"上海老年教育理论研究基地"。复旦大学老年大学组织复旦大学各相关专业的教授、退休专家共40多人组成"老年学理论研究班"，紧紧围绕退休教职工关心的热点和难点问题开展理论研究，近年来出版《微霞尚满天》《枫叶集》《名师剪影》等著作，发表论文数百篇。上海交通大学老年大学紧紧围绕着上海和全国老年教育的新形势、新任务与新问题，组织力量开展课题研究。上海大学老年大学整合学校理论研究资源，吸收大学有关学科专家、教授、研究人员与老年教育工作者共同参与老年问题、老年教育的理论研究，探索老年教育基本规律和实践途径，对老年教育进行理论思考和指导实践。上海师范大学老年大学先后编写出版的《老年教育ABC》《上海老年教育教与学百例》《老年教育学》《老年心理学》《老年教育教学论》等，不仅为老年教育学科建设奠定了坚实的理论基础，而且被作为全国老年教育师资培训教材，在师资培训中被广泛使用。

3. 实践践行

上海高校充分发挥学校资源与人才优势，承担了终身教育领域的实践研究。上海商学院继续教育学院聚焦社会需求和国家战略，积极开展社区教育和老年教育等终身教育领域的政策研究，共承担了上海市教委、上海市成人教育协会、上海市教育考试院、上海市学分银行管理中心等委托的科研项目，不少项目已经被有关部门采纳应用，取得较好的社会效益。其中，"职教继续教育校外点监测平台"有效推动了上海市教委对校外学习站点办学情况的监测；"上海市终身教育学分银行高校网点的运行与管理"，推动了上海高校学历与非学历继续教育学分累积和互认工作，具有一定的决策参考价值。上海对外经贸大学国际与继续教育学院设立的终身教育研究所，承担了上海市终身教育发展的相关课题，通过设立专家库、鼓励职工积极参与课题研究等举措，在提高自身科研水平和学院影响力的同时服务学习型城市建设。

（二）资源支持：以高校人才、资源优势服务学习型城市建设

2014年8月，教育部等七部门印发的《关于推进学习型城市建设的意见》明确提出："加强参与学习型城市建设相关工作的社会工作者队伍建设。培育一支结构合理、素质高的继续教育专兼职教师队伍，扩大一支热心参与终身学习服务的志愿者队伍，组建一支水平高、责任心强的咨询指导专家队伍。加强队伍培养培训，不断提高业务水平和服务能力。"上海市在推进学习型城市建设中，不断创新学习资源研发模式，不断提高教师专业化水平，市民学习资源日益丰富，师资队伍建设成效显著，不断满足市民的多样化学习需求。其中上海高校发挥了重要作用，各高校凝聚高水平的教学团队，充分发挥学科优势，建设数字化课程资源，开发品牌体验项目，加强教师队伍培训，推动教师积极参与社区教育、老年教育，积极服务学习型城市建设，形成了一批典型案例。充分发挥专业优势，为学习型城市建设提供包括课程师资等在内的教育资源支持，是高校推进学习型城市建设、实施服务社会基本职能的重要途径，也是高等教育公共性的重要体现。同时，高校高素质的教师队伍是建设学习型城市的重要支柱，也是学习型社会具有生命力、凝聚力和吸引力的决定性因素。

1.输出教育服务

复旦大学、同济大学等上海知名高校，在上海市杨浦区政府的推动下，根据教育超市发展理念，不断加强与社区、企业园区的合作，深度推进校区与社区、园区三区互联，创设了"杨浦·高校社区教育超市"，高校通过社区教育超市向社区配送教育资源，社区通过社区教育超市选择教育资源，搭建起高校与社区互动桥梁，建设成杨浦市民终身学习服务平台。高校社区教育超市的建立，打破了高校与社区之间的围墙，实现了高校资源对社区市民的开放共享。据不完全统计，通过社区教育超市，高校的专家、学者每年向杨浦区干部、群众作讲座、报告100多场，听众15000多人次，全年面向社区开设工商管理、老年理财、家庭保健等课程200多个班次，社区市民每月登录高校网站开展学习的人次达到20多万。上海交通大学医学院附属第九人民医院作为一家高校附属的三级甲等综合性教学医院，积极发挥医学专家传播健康知识专业权威的作用，不断开展社区志愿教育服务工作。该院通过开设"专家名医讲堂"等精品医学课程，组织专家社区义诊，编撰出版《谈医论症话健康》系列科普书，拍摄并制作医学微课、慕课，打造新媒体融合的健康传播阵地等方式，将优质医疗资源融入并转化为健康科普服务，送入千家万户，送到市民身边。该院有内分泌科、心内科、神经内科等近30个临床医技科室参与授课，60余位专家担任授课讲师，深受居民欢迎。同时，充分利用"上海第九人民医院"微信公众号开展求建议赠书活动，在给社区居民传递健康科普知识的同时，也将上海社区教育志愿服务品牌项目成果向更广泛人群传播。

2. 开发课程资源

华东师范大学老年大学以提升老年学习品质为重点，依托学校教育学和心理学的学科优势，积极探索老年教育特色课程的研发模式。目前，已经建成了"传家宝—隔代教育面面观"品牌课程群，包括"教育口述与隔代教育""智慧生活与隔代教育""科学育儿与隔代教育""心理健康与隔代教育"等。东华大学老年大学充分发挥学校专业优势，开设了"时装表演""丝网花制作""手工编织"三门本科延伸课程，满足了社会老年朋友不同层次的需求，深受广大老年学员的青睐，在高校老年教育领域独树一帜，获得社会高度认可。上海大学老年大学将特色项目与学科建设紧密结合，建成系列特色课程。上海师范大学老年大学积极鼓励教师编写教材，提高老年教育质量。华东师范大学人才发展研究中心终身学习实验室联合闵行区教育局、闵行区社会建设办公室举办创课大赛，旨在丰富、充实社区教育的学习资源与师资力量，以学促邻里，以学促凝聚，以学促和谐，助推闵行文明城区、学习型城区建设，鼓励高校教育力量投入社区建设。大赛共吸引了271支队伍参赛报名，共有来自上海交通大学、复旦大学、上海师范大学等12所高校的690名学生报名参赛，涵盖100多个专业。教师共127人报名参赛，其中教师岗位有99人，市民有28人。本次大赛最终有10支创课赛队从271支参赛队伍中脱颖而出，评选出2组精品课程奖、3组特色课程奖和5组潜力课程奖。此次大赛打破了传统社区学习资源开发模式，以邻里中心为平台，以市民需求为导向，鼓励高校学生走进社区，为市民设计一门好课。创课大赛提高了高校引领社区教育的积极性，创建了系列有效满足市民学习需求的优质课程，改变了社区教育资源一直以来不平衡、不充分发展的现状，更好地满足老百姓对美好生活的向往。同时，创课大赛充实了社区学习资源与师资力量，满足居民日益增长的终身学习需求，有效助推了学习型社会建设。

3. 开放教育资源

为进一步丰富市民学习资源，创新市民学习路径与方式，上海市教委创建了"红色文化""科普教育""文化艺术""海派文化""智慧生活""陶艺创作""服饰文化""创意手工"八大上海市民终身学习体验基地。其中,"陶艺创作"和"服饰文化"分别依托上海市第二工业大学应用艺术设计学院和东华大学建立。东华大学在服饰文化体验基地建设中,依托学校的上海市纺织服饰博物馆服饰文化资源,为市民提供普及型体验项目;依托学校服饰表演教学研究社、中国丝网花手工艺术创作研究会的教育资源,为社区学校和老年大学学院提供高层次的服饰表演培训和展示交流体验活动,实现普及与提高并进。2017年,"上海市民终身学习陶艺创作体验基地"为近4000名市民提供创作体验培训服务。上海市第二工业大学在陶艺创作体验基地建设过程中,充分利用发挥高校教育培训资源优势,开放教育资源,主动对接社区、学校、机关、社会团体等,以"请进门"与"送上门"相结合的方式,为市民提供优质的学习环境和继续教育,为市民提供陶艺和琉璃的创意体验。这两所高校在体验基地建设过程中,充分依托了学校优势学科、专业、师资等优势,有效利用学校优势、特色课程资源,积极开设特色体验项目,不断满足市民在社区学校课程学习之后更高层次、更加专业的学习需求。上海市终身学习体验基地搭建了高校优质教育资源开放共享转化、利用的广阔平台。高校在体验基地建设过程中,通过资源组合、拓展开放共享和优化,把学校资源有效转化为市民的教育和学习资源。为有效整合高校之间、高校与社区之间教育资源,进一步服务学习型城市建设,上海立信会计金融学院继续教育学院依托上海市成人教育协会院校教育专业委员会、上海高校培训联盟及其成员单位,与东华大学、华东理工大学、上海应用技术学院、上海理工大学、上海师范大学、上海商学院等高校的继续教育学院通力合作,联合上海10余所区县社区学院,实施"高校—社区联动资源建设"项目,共同搭建资源平台和实施基地,通过链接、整合各类资源,打造继续教育联合体,协同参与社区教育活动。加快推进高校继续教育转型发展,提高高校继续教育服务经济社会发展能力,校校联合,成立继续教育联盟成为重要途径。继续教育联盟建立的重要职能之一,就是有效整合各校优质教育资源,搭建高校间资源共建共享平台,建立资源供需对接和开放共享机制,提升资源开放水平,扩大优质资源覆盖面。

4. 充实师资队伍

复旦大学博士生讲师团是全国高校最早成立的学生理论宣讲团体之一,讲师团以打造讲座品牌为目标,依托复旦大学丰富的学术和教师资源,组织博士生深入社区、学校、企业、军营等开展专题讲座,在全国学习型城市建设中发挥辐射效应。复旦大学博士生讲师团十分重视团队建设,不断完善团队规章制度和运行体系,编写讲师团工作手册和讲师管理条例,促进各项工作有序开展。讲师团关注成员的成长与发展,注重对团队成员的培训,落实讲座满意度评价和听众反馈机制,努力提升教育服务的质量与品牌,为学习型城市建设提供了师资保障。上海九所高校老年大学不断充实老年教育师资,积极开展各类教师培训,优化师资队伍结构,协同办好老年教育。作为上海市老年教育师资培训基地,华东师范大学老年大学凭借优质教育资源,通过开展上海市老年教育书画师资培训班,拓展老年大学书画教师的视野,提升老年教育教学的能力。同时,华东师范大学老年大学成立校务委员会,进一步规范学校管理,整合社会各方资源,不断加强师资队伍建设。学校现有校长、常务副校长各 1 人,专兼职办学人员 8 人,聘有教师 38 名,其中近 70% 的教师具有中、高级职称,聘请华东师范大学知名教师、专家为学员授课。上海交通大学老年大学采取多种措施加强师资队伍的建设,建立了一支学术造诣深、思想素质好、热爱老年教育工作、深受广大老年学员欢迎的专家与名师队伍。目前上海交通大学老年大学已经形成老中青相结合的教师梯队，为老年大学的可持续发展打下了扎实的基础。

毋庸置疑，高校优质教育资源在推进学习型社会中发挥着越来越重要的作用，但是优质教育资源的开放并不是终极价值追求，更重要的是在经济社会转型发展、信息技术日益发达、市民生活方式不断转变、全民学习需求日益多元的发展形势下，高校在开放优质教育资源基础上，有效利用现代信息技术，推进课程资源建设、教育教学改革、学习环境构建与现代信息技术的深度融合，师资队伍如何主动适应信息化、人工智能等新技术，积极引领市民终身学习方式变革，更好地助推学习型城市建设。

（三）人才培养：满足社会教育需求

培育各类有用之才、创新人才历来是大学的重要使命。在学习型城市建设的进程中，上海市十分注重发挥高校在高层次专业人才培养方面的优势，要求高校以学习型城市建设为契机，主动对接国家和地方发展战略。《上海高等教育布局结构与发展规划（2015—2030年）》提出："要积极承担学习型社会建设的任务，到2030年，形成总体水平比肩国际大都市，人才培养、科学研究和社会服务适应中国经济发展'新常态'，引领上海城市文化传承和创新，全面提升人民群众文化素质的世界一流高等教育体系。着眼于提升劳动力人口整体素质和受教育水平，适度提高上海高等教育人才培养的层次结构重心。"

1. 培养专业人才

华东师范大学职业教育与成人教育研究所是国内规模最大、类别最多的成人教育专门人才培养基地，涉及短期培养、研究生课程班、硕士研究生、博士研究生、高级访问学者及高校成人教育校院长资格培训等，已培养了200余名成人教育学专业的硕士和博士研究生，他们成为不少社区教育机构、企业培训机构、高校和科研机构的专业骨干。上海不少高校充分发挥自身学术、科研和人才优势，积极开展专门人才培养，为上海学习型城市建设输送了大批专业人才，推动了上海学习型城市的建设和发展。

2. 满足社会教育需求

上海对外经贸大学国际与继续教育学院坚持办学特色与优势，结合上海城市定位和经济社会发展所需，着力提升国际贸易、国际金融、物流、语言电子商务和创业教育等教育培训项目，打造国际贸易人才培训、商务人才知识更新、物流与电子商务等系列特色培训品牌产品，培训效果受到业内学员高度肯定。该院还与嘉兴、湖州、昆山、无锡、常州、镇江等长三角地区的部分地市建立了长期合作关系，联合举办了近百个培训班次，培训总数超过5000人。长宁区业余大学对接区域发展需求，建立上海开放大学航空运输学院，培养专门人才，通过新成立的上海开放大学航空运输学院，探索开展民航行业人才标准引领下的民航职业教育与培训，满足区域发展对航空运输服务人才的需求，进一步服务学习型社会建设。上海开放大学航空运输学院依托资源优势，探索对接行业校企合作的人才培养模式，与中国航空运输协会合作，以航空专业培训为服务抓手，以"订单式服务"的方式，为上海临空相关企业提供教育服务和定性定向的人才培育和输送，并且积极发挥区位优势，引进、建设国际课程，加强航空运输服务业国际项目拓展。

3. 开展区位特色教育

上海商学院继续教育学院立足上海、面向全国，充分依托上海国际化大都市的区位优势和资源条件，背靠行业优势及联盟高校资源，围绕上海产业转型和结构调整的需要，坚持以服务社会服务行业为目标，充分发挥学校以商为本的办学优势资源，坚持"立足商学，突出服务"的指导方向，全面开展非学历培训工作：一是针对行业企业的委托，提供定制化的专门人才培训服务。学院高度重视企业行业人才的培训，并针对不同企业行业发展的要求，为上海烟草集团以及下属的各区县烟草公司、上海开开集团、中国银行徐汇支行、上海崇明生态农业发展有限公司等企业提供了针对营销师、物流师、营业员等各类岗位的培训。二是面向社会开展专项培训和证书类培训等非学历培训。学院与上海国际货代行业协会合作，开展国际货运代理从业人员培训；与上海进出口商会合作，开展新办企业原产地标准培训；与上海工程咨询行业协会合作，开展工程咨询师培训。三是接受国家商务部下达的国际商务官员研修培训任务，作为全国特设的六大援外培训基地之一，通过国际化的办学，使得继续教育国际化程度不断提高，参加继续教育的国外学员占到学员总数的6%，提高了继续教育的国际影响。

专业人才作为学习型城市建设的主观能动因素，在一定程度上影响着学习型城市建设的进程和质量。高校拥有丰富的智力、科研和资源优势，必须主动承担起学习型城市建设输送人才的重任，为学习型城市建设培养专门人才，指导和推动学习型城市的建设。

（四）机制创新：探索长效机制

机制创新是有序推进学习型城市建设的重要前提条件，健全、灵活的机制能有效保障学习型城市建设各要素的有序衔接和协同发展。随着学习型城市的建设实践不断深入，机制的创新显得尤为重要。教育部等七部门联合印发的《关于推进学习型城市建设的意见》要求"坚持探索和总结相结合，创建与交流相促进，构建开放、有序、务实的长效机制"，并提出要建立多部门共同参与的学习型城市建设领导协调机制。2016 年，上海市教育委员会等七部门联合印发了《关于进一步推进本市学习型社会建设的若干意见》的政策文件，文件提出："通过完善法制建设，加强统筹协调等措施，进一步完善体制机制，加强学习型社会建设保障。"近年来，上海市在推进学习型城市建设过程中，创建了多部门共同参与的学习型城市建设协调机制，逐步形成了党委领导、政府统筹、行业部门联动、社会协同、全民参与的发展局面。其中，高校也不断加强创新服务学习型城市建设的工作机制，提升服务能力，形成长效格局。

1. 建立学校—社区协同推进机制

高校和社区构成了学习型城市建设的中坚力量，要进一步推进学习型城市建设，必然加强高校与社区的统筹协作，充分整合双方优势，建立联通机制，推进双方在学习型城市建设中发挥更加重要的作用。

其一，成立研究院所，搭建科研交流阵地。华东师范大学充分利用上海终身教育研究院在学习型城市建设、社区教育和终身教育等方面的研究实力，不断在理论研究方面加强与上海市社区的合作。近年来，研究院在长宁区业余大学与浦东新区社区学院设立了分所，并建立了良好的科研合作关系。2016 年底，与浦东新区社区学院联合举办了第四届"终身教育上海论坛"，产生了重要影响。与此同时，研究院还协同校人才研究中心终身学习实验室不断加强与徐汇区教育局的合作。双方就社区教育"一街一品"的培育开展项目合作，以街镇为对象开展深入研究，进行品牌的特色提炼和辐射推广。在上海终身教育研究院主办的"2013年首届终身教育上海论坛"和"2014年社区教育高峰研讨会"上，徐汇区凌云街道"凌云生态家"社区教育品牌作为典型案例进行交流，得到了专家同行的高度好评。

上海终身教育研究院依托自身在社区教育、终身教育理论科研的雄厚实力，深化与社区合作，一方面搭建研究阵地，双方共同开展理论研究；另一方面，充分利用专业知识和理论研究成果指导社区教育实践，为高校和社区教育工作的开展起到了良好的链接作用。

其二，创设大学生科学商店，搭建学校与社区连接桥梁。华东师范大学成立全国首家大学生科学商店。大学生科学商店研究与服务内容涉及范围广，既有自然科学和技术（如生态环保、电子信息、节能减排、食品安全等），又有人文社会科学（如社会工作、心理健康、法律援助、金融理财等）。截至2021年，华东师范大学科学商店组织社区专题活动与讲座2500余次，学生志愿者参与累计人数10000余人次，参与的社区市民超过10万人。为了进一步促进高校科普教育工作持续创新发展，同时提高大学生的科学素养、研究能力和奉献精神，上海海洋大学、东华大学、同济大学等上海市10所高校陆续成立了大学生科学商店。这些高校以自身人才培养规律为发展特征，以社区和居民日益增长的科学文化需求为发展牵引，将社会科普需求、文化传承创新和创新人才培养有效结合，实施科学商店精品化、专业化、标准化建设战略，使之成为科学与社会的桥梁、新的知识和科学方法的输出口、科普资源的共享平台、富有创新活动的科学普及力量。

科学商店作为上海市科普工作的新型载体和平台，提高了居民的科学素养，提升了居民的科学生活理念，增进了社区的文明和谐程度，推进了学习型城市建设，促进了高校人才培养改革。科学商店通过项目推进学分认定等多种形式，进一步完善了学校人才培养体系，创建了以学生自主学习研究为核心的人才培养新模式，有效解决了培养大学生社会责任感、养成大学生服务社会理念和基本素养以及提高大学生解决实际问题能力等人才培养的难题。

其三，成立区教育宣传专委会，建立长效合作机制。同济大学、上海大学、上海戏剧学院、上海大学等高校，主动适应终身学习需求新变化，在静安区党委政府领导下，在区教育宣传专委会组织下，成立静安区教育宣传专委会。教育宣传专委会始终围绕促进静安区终身教育发展与学习型城区建设的共同目标，同时兼顾成员单位的自身发展，逐步确立三项主要职责：一是针对专业特点和行业共性，组织、策划、开展各类终身教育活动项目；二是利用专业优势资源，围绕区域发展和成员单位中心工作，开展相关合作交流；三是开展有利于发挥成员单位各自专业优势的工作内容。

专委会自成立以来，各成员单位密切配合、相互支持，紧紧围绕建设学习型城区的共同目标，增强跨前补位意识，逐步完善区域内各行业、各领域、各单位资源和力量的整合机制。同时，确立了联席会议制度，每年定期召开两次会议，年初布置工作，年末总结工作。通过这些机制的建立实施、统筹引领、有序推进，充分调动各成员单位的积极性和创造性，促进彼此之间的信息互通，有效提高整体合力。

2.建立学校—企业联通机制

党的二十大报告提出了"办好人民满意的教育……建设全民终身学习的学习型社会、学习型大国"的新任务。高校作为继续教育的重要阵地，在新的历史发展时期，不断提高自身服务行业企业和城乡区域发展的能力，探索校企合作创新人才培养的新机制，推进教育链、人才链和产业链之间的有效衔接，积极为构建终身教育体系、建设学习型社会服务。

其一，建设继续教育基地，构建校企合作平台。上海交通大学、华东师范大学等4所高校先后获批人力资源社会保障部国家级专业技术人员继续教育基地，进一步强化了承担区域经济社会发展和行业国家级高层次、急需紧缺和骨干专业技术人才的培养能力，服务范围不断扩大、服务能力不断提升。2017年，上海交通大学非学历继续教育规模达7.5万人次，华东师范大学非学历继续教育规模达2.7万人次（短期面授）。同时，2011年，上海师范大学、上海财经大学等高校获批成为作为教育部高等学校继续教育示范基地，依托继续教育示范基地建设，积极打造教师教育和财经人员继续教育品牌培训项目，开展专业技术人员培训。2017年，上海财经大学非学历继续教育规模达4.5万余人次。

其二，深化项目合作，推进人才培养模式改革。上海交通大学不断深化与江南造船（集团）有限责任公司、上海机场（集团）有限公司国有大型企业的项目合作，结合企业发展战略与人才发展规划，构建"学历+技能"的学科课程与技能培训相结合的课程体系，引入学校理论导师与企业实践导师"双师制"结合的立体交叉培养模式，建立了从规模化到定制化的"大国工匠"应用型人才校企联合培养模式，实现了学校人才培养与企业人才需求的有效对接。

其三，开展特色培训，助推企业转型升级。同济大学与中国中车、中国铁建等国有大型企业开展战略合作，加强品牌特色培训项目研发，形成了以领导干部综合素质与能力提升、城乡规划建设与管理、新型城镇化与美丽乡村建设、建筑施工与管理、BIM技术、生态环境保护与治理等一系列特色培训项目，为行业企业转型升级提供重要的人才支撑。

3. 搭建教育"立交桥"——构建三区融合机制

杨浦区拥有"三个百年"文明——百年大学、百年工业和百年市政。近年来，杨浦区大力发展社区教育，成为全国社区教育示范区。面对高校集聚和人口大区两个区情，杨浦区确立了依托大学、依托国企"两个依托"的发展理念，提出了大学校区、科技园区和公共社区"三区融合、联动发展"的发展机制。

其一，三区联动，构建专题性社区教育基地。杨浦区积极发挥高校和企业在社区教育中的主体作用，创建了"1所高校+1家企业+1个街道+1个专题性社区教育基地"模式。目前，该区已启动了12个社区教育基地的建设工作。以五角场镇"智慧健身"社区教育基地为例，上海体育学院、上海泛亚生命科技有限公司和五角场镇三者构成区域合作团体。其中上海体育学院依托武术表演、舞蹈编导等专业资源开发居民健康课程，上海泛亚生命科技有限公司则提供资金、员工志愿者和生命科技知识普及等资源。通过三区联动，"智慧健身"社区教育基地编撰了《社区居民健身指南丛书》，开设了"智慧健身"课程。

其二，学校—社区共建居民学习点。杨浦区依托区域内所属高校联合体的资源，组织近百个大学生社团，走进12个街镇的居民学习点与100个居民学习点结对共建。其中有：复旦大学的博雅学社、大众印社等12个社团；同济大学的土木工程学院星光志愿者等12个志愿者团队；第二军医大学的"彩云支南"等3支团队；上海开放大学的话剧社、动漫社等11支团队；上海电力学院的节电与节能技术服务部等7支团队；上海海洋大学的观赏鱼爱好者协会等8支团队；上海理工大学的滑轮社等11支团队；上海体育学院咏春拳协会等18支团队；上海财经大学的金融科学学会等18支社团。大学生社团进入居民学习点，发挥自身专业特长，指导社区居民开展丰富多彩的学习活动，弥补了社区教育师资和资源的不足，同时又满足了高校大学生的实践需求。以四平街道为例：金安、密云等居民学习点与同济大学联手举办了三届环同济四平社区国际文化交流展演活动；同济新村里的"心海小筑"志愿者团队经常为社区居民提供免费心理咨询，举办电脑培训班，组织电脑小报比赛；同济大学环境监测学院举行"书香飘逸"赠书活动，定期向社区赠送《环境与环保》《家居的甲醛去除方法》等科普书籍，在社区科普周中，环保社团还进入家庭免费为居民监测甲醛，实现了高校与社区教育资源双向互动。

其三，手持"护照"，与大学生一起"随堂听课"。2010年12月，"杨浦区学习型社会建设项目研究联合体"正式成立，并诞生了"杨浦·高校社区教育超市"，由杨浦区学习办、高校、社区三方共同搭建运作。高校是教育资源供给端，社区是教育资源需求端，区学习办是对接端。2013年推出"杨浦市民高校智慧学堂"，高校以一个院（系）为基点，提供一些人文、科学类公共课程的旁听席位，学习办制作"学习护照"并组织社区居民进入高校听课。各高校试点院（系），依据自身特点和课程特色，开发与优化适合市民参与的学习活动项目，包括素养提升类、内涵发展类、文化休闲类、场馆学习类和阅读修身类5大类资源。目前，杨浦区的上海财经大学、上海体育学院等6所大学为"杨浦市民高校智慧学堂"提供了"古典诗词多元解读""国际关系概论""庄子"等227门实地开放课程，共计3316课时供市民学习。

4.校—校联通，搭建终身教育"立交桥"

完善终身教育体系，搭建各级各类人才成长"立交桥"是推进学习型城市建设的重要工程，也是学习型城市的重要标志。上海高校有效发挥学校教育在全民终身学习中的基础作用，加强合作，深化教育综合改革，推进学历继续教育与非学历继续教育协调发展，建设学分银行制度，搭建终身教育"立交桥"。

上海高校继续教育学分银行制度建设的核心内容是对非学历证书的认证，而认证的标准化是确保认证质量和实践运行模式的关键。经过多年的实践，上海市高校间继续教育学分认定和转换体系已经基本形成，为推进终身教育体系的建设和学习"立交桥"的搭建提供了有力支撑。

首先，制定了非学历证书认证的工作程序。通过长期的实践，上海高校间形成了非学历证书认证的五个步骤：一是组建项目团队，即成立相关专业非学历证书认证专家组，负责对相关证书和专业课程的认定；二是收集证书及相关课程基本资料进行初步匹对；三是组织专家审核、认证，对匹对的数据进行核实确认；四是专家评审，即填写上海普通高校成人高等教育学分银行非学历证书认定表，专家组成员签字确认；五是归档和保存认定资料。

其次，组建了专业化工作队伍。工作队伍包括两个方面：一是非学历证书认证专家队伍，负责甄别和筛选哪种证书可以纳入最终的认证范围。二是开展学分银行制度研究和建设的工作队伍，包括负责学分银行制度建设的具体探索和实践的项目研究人员、负责学分银行信息平台运营和维护的技术支持人员、负责学分认定和转换工作受理的教学管理人员等。

再次，形成了清晰的工作体系。上海高校学分银行工作体系主要由上海市终身教育学分银行管理中心、高校学分银行网点组成。学分银行管理中心负责学分银行的构建与运行管理，具体包括制定课程认定标准、职业证书认证标准、系统开发与维护、协调内部工作等工作。高校学分银行网点是高校面向本校学生的学分银行业务受理处，主要负责本校学生的开户、学分认定、学分存入等工作。

最后，认定与转换了丰富的学习成果。上海市终身教育学分银行已形成了学分银行服务系统，建成了覆盖全市所有高校的 68 个网点和覆盖全市各区的 20 个分部；目前已累计为 7.3 万余人办理学分转换，涉及课程 15.6 万门次、学分数 57.9 万分、学时 1042 个，认定非学历证书达 10.7 万张，实现了各类教育的沟通衔接，促进了优质教学资源的共享，推动了人才培养模式的改革；累计为 321.6 万名学习者建立了个人学习账号和学习档案，覆盖到全市常住人口数的 13%，积累学习成果超过 6004.4 万条，实现了全市各类学习成果的存入。

上海市正全力推进卓越的全球城市，着力打造令人向往的创新之城、人文之城、生态之城，建成具有世界影响力的社会主义现代化国际大都市，这对上海市学习型城市建设，特别是学习型城市建设的体制机制创新提出了更高的要求，因此，需要进一步健全多元参与、协同治理的学习型城市建设机制；进一步激发全社会共同推进终身教育合力和社会参与活力；进一步完善终身教育体系，推进各类学习成果的认证、积累与转换，搭建人才成长"立交桥"。

二、上海高校参与学习型城市建设存在的不足

目前，高校在科学研究、资源支持、人才培养和机制创新方面作了很多有益的探索，积极参与到了学习型城市建设中，在学习型城市建设过程中发挥了重要作用，但仍然面临一些瓶颈需要突破。

（一）高校促进学习型城市建设的宏观环境尚不成熟

1. 缺乏可操作的政策制度

学习型城市建设是一个系统性工程，需要在政策制度的推动下，建立保障运行机制，有效整合各类资源，充分调动各方积极性，才能有效促进学习型城市的建设。2014年，教育部等七部门联合印发的《关于推进学习型城市建设的意见》，成为近一段时期内加强学习型城市建设的指导性文件，在该文件中提到"发挥高等教育在人才培养、科学研究、社会服务等方面的重要作用""引导和支持各类学校向社会开放学习资源，与社区融合"，也提出了"充分发挥学校特别是职业院校在职工教育培训中的服务功能"等，以上对高校促进学习型城市建设具有一定的指导意义。但是，这类指导性意见更多是以倡导和鼓励为主，缺乏后续具体的推进落实举措，导致高校引领学习型城市建设的动力不足。

2. 缺乏必要的专项经费支持

虽然近年来我国的财政性教育经费支出占国内生产总值比例达到并持续保持在4%以上，投入机制不断健全，支出结构逐步优化，但是以继续教育为重点的终身教育经费投入仍旧严重不足。2018年国务院印发的《关于进一步调整优化结构提高教育经费使用效益的意见》强调经费使用向薄弱环节倾斜，但是在该意见中依然没有对终身教育相关经费投入作出明确的规定。当前，我国正按照深化"放管服"改革的要求，不断简政放权，落实省级政府教育经费统筹权，但是从现状来看，省级政府对终身教育相关经费支持力度不大，影响了学习型城市建设，专项经费支持的缺乏影响了高校引领学习型城市建设的积极性和持续性。

3. 各类教育融合开放程度不高

目前各级各类正规教育、非正规教育、非正式教育之间缺乏相互沟通与衔接，各级各类教育的互联互通的人才成长"立交桥"尚未有效建立；同类型学校之间、学历教育与职业培训之间、学校教育与市民自主学习之间学习成果认证、积累与转换制度尚未有效形成，影响高等教育与其他教育的衔接，不利于推动高校促进学习型城市建设的积极性；各类教育各自独立，造成教育资源共享互通流于形式的窘境，不利于激发学习型城市建设的合力和社会参与活力。

4. 长效动力机制不健全

借助政策的推动和各参与方的热情，学习型城市建设可以在较短时间内取得明显的成果，但学习型城市建设不能一蹴而就，而是需要一个持续性建设的过程，需要各参与方持之以恒的投入。随着建设内涵和层次的提升，更需要各参与方付出更多的精力和更大的热情。但是，随着建设深度和广度的拓展，政策的短时激励效应和建设热情的减弱，容易造成参与的动力与热情未能始终如一。究其原因，主要是各参与方缺乏内生动力的激发和长效保障机制，这种缺少内生动力机制的协作关系自我延续和深化的生命力不强。

（二）高校引领学习型城市建设的内驱力不足

1. 认识有待进一步提高

在我国"双一流"高校建设背景下，人才培养和科学研究在高校办学中的地位极为重要，而在社会服务方面，特别是引领学习型社会建设方面，我国高校的社会意识明显不高。从高校发展规划来看，虽然高校都将服务社会作为自身发展的重要职能，在学校章程及发展规划中均有涉及，但是服务学习型城市、学习型社会建设工作在高校章程和发展规划中的表现并不明显。通过对包括复旦大学、上海交通大学、华东师范大学等49所上海市普通高校学校章程及"十三五"发展规划抽样调查发现：仅有上海交通大学等3所高校在章程中明确提出服务学习型社会建设，在调查学校中占比6.12%；东华大学等4所高校在学校"十三五"发展规划中明确提出服务学习型社会建设，仅占调查学校总数的8.16%，这在一定程度上反映了高校引领学习型城市建设的社会意识有待进一步提高。

2.理论研究有待进一步加强

科学研究是高校的重要职能，也是高校服务学习型城市建设的重要内容。高校充分发挥科研优势，积极开展科学研究，为学习型城市建设提供政策咨询及理论支撑，更加有利于推进学习型城市建设。但是，从全国教育规划课题立项来看，目前高校开展学习型城市理论研究相对不足，需要进一步加强。通过对2011年以来全国教育科学规划课题立项名单统计分析发现：除2011年全国教育规划课题以成人教育研究专项立项课题，成功立项2项学习型城市建设研究课题、3项社区教育研究相关课题外，关于学习型城市、学习型社会共10项课题立项，高校承担了其中9项课题研究。需要提出的是，2014年、2016年、2018年和2020年四年均没有相关课题立项。从全国教育科学规划课题立项角度看，立项课题较少，一方面是因为全国教育科学规划课题申报难度较大，另一方面是因为存在着学习型城市建设在理论研究方面的淡化，没有形成高质量的研究成果。

全国教育科学规划课题立项统计分析，虽然不能完全准确反映当前高校学习型城市建设、学习型社会建设理论研究的全貌，但也从侧面反映出高校在这一领域从事理论研究的力度不够，需要进一步加强。

3. 专门人才培养有待进一步强化

学习型城市建设离不开专业化的人才队伍，需要高校开设成人教育学、人力资源开发等与学习型城市建设紧密相关的专业，加强专门人才培养，开展相关工作者培训。当前高校在学习型城市建设相关专业人才培养方面还相当薄弱。以成人教育学专业研究生培养为例，1993年，我国成人教育学第一个硕士点在华东师范大学设立，2004年华东师范大学设立第一个博士点。通过查询中国研究生招生信息网发现，截至2021年底，全国开展成人教育学硕士研究生培养的高校仅有25所，开展成人教育学博士研究生培养的高校更是凤毛麟角，仅有华东师范大学、南京师范大学和西南大学3所。而在2015年，美国成人教育学专业就已有109个硕士生项目、59个博士生项目，与美国等发达国家相比，我国成人教育学专业建设还存在较大差距。同时，从专业人才的继续教育来看，高校面向学习型城市建设开展的相关继续教育人才明显不足。由此可见，我国在学习型城市建设相关专业建设方面相对薄弱，专业化人才培养规模较小，还不能满足我国学习型城市建设对专业化人才的需求，需要进一步强化。

（三）高校与学习型城市建设缺乏良性互动

高等学校职能是指高等学校为适应社会分工与社会发展需要所承担的社会任务。一般认为现代高等学校具有三种职能：培养专门人才，发展科学知识，为社会服务。与之相对应的工作是教学与教育、科学研究、多种形式的社会工作。这既是社会所需要的，又是高等学校自身提高教学质量所必不可少的。当前，社会和城市的发展对高素质人力资源的需求超过了以往任何时候，由此加剧了对高等教育的需求，刺激了高等院校的发展与扩张。高等院校与城市互动发展、共生共荣的新模式，是大学城市化和城市大学化的一种新趋势。虽然高校在服务学习型城市建设上作出了诸多尝试，但是优势还没有充分发挥，理念、资源、机制和规范管理都存在短板。同时，社会更倾向于高校的经济向度，使学术、文化、道德伦理等其他方面的作用处于从属地位，引领学习型城市建设的职能更加弱化，两者的互动关系未能形成有效的正反馈。

基于"上海经验"的现状分析，我们能比较准确地把握上海高校引领学习型城市建设的现状，分析出在此过程中采取的有效措施，以及当前所面临的问题和取得的成效。基于此，我们可以有针对性地设计问卷和开展访谈。

第二节　动力影响因素框架的构建

一、基于组织环境理论框架的分析

涵盖了一切潜在的、能够对组织的整体运转和组织绩效造成一定影响的要素和力量即为组织环境。组织作为一个存在于客观社会环境中的有机整体，不仅能够对组织本体造成深远影响，而且能够从多样化视角决定组织能否在未来实现长远发展，甚至是决定组织在当前环境能否继续存在。因此对组织环境进行科学的划分，有助于利益相关者更加清晰地把握当前组织环境状态，组织成员如何更好地认识环境，继而实现对环境的深度把握。组织环境主要包括两个部分，即外部环境和内部环境，这一划分依据源自于组织边界。

第一，外部环境，即任何一个组织都需要面对的总体外部环境，包括任何会对组织产生影响的外部环境，即政治、经济、社会和技术环境等。与此同时，组织环境中的外部环境还可细分为两个方面，即特定环境和一般环境。从宏观视角来看，外部环境虽具有不易牵制的特性，但其本质又是一个开放性系统，需要不断与外界元素进行物质或非物质的转换，这一特点也使得企业组织具有结构不稳定性，易受外部环境影响。为探寻外部环境中潜藏的机会，需对其环境作深入剖析，进而挖掘出风险因素，有效规避风险，最终促进组织合理、健康的发展。

政治环境不仅包括一个国家的性质和体制，还包括未来发展路径和指导方针等；经济环境除了包括一定地域的国民经济增长情况和发展结构外，还包括社会发展战略、国民生产生活、市场供需及公共管理保障设施等；社会环境范畴涵盖人口结构、民俗风情、价值观念及一定地域的发展历程和塑造的文化习惯；技术环境则着重体现了一定地域的科学技术发展水平和新技术的开发利用程度等。

第二，内部环境是指工作具体环境，可以对特定行业或类型的某个组织造成物理、心理和文化等方面的显著的直接影响。

物理环境是指一个组织内成员的工作环境，具体包括工作地点的光照条件、通风情况、噪声和杂音等方面，在概念上更加接近于需求底层，即最基础的工作相关物质保障条件，必须先满足这些最基本需求才可以最低限度地满足成员的工作需求，确保整个组织成员可以实现持续性的工作，整个组织才可以在此基础之上顺利实现日常运行。除了上述最基础的硬件物质保障条件，工作中的物理软环境也不可忽视，具体包括组织机构和专业队伍等因素，这些因素是组织运行不可或缺的，能有效提高组织的运转效率。物理环境对组织内各个员工的日常工作心理和工作效率都会产生巨大影响，这也要求组织在进行组织设计有关决策时需要遵循以人为本的原则，从组织成员的角度出发，创造出适合组织成员自我发展的环境，激发组织成员的工作热情，防止因为最基本的物理环境需求无法满足而出现成员工作热情下降，最后甚至出现破坏性和消极性结果。总体来说，物理环境是一切组织正常活动开展的基础，也是帮助组织目标取得实质性发展的最基本保障。

心理环境是由组织内部人与人、人与事之间的直接或间接关系，组织成员对组织的义务、归属感、合作精神和奉献精神等组成的一种精神环境。组织内部的精神环境会直接影响组织成员间关系，对组织成员的有关特征产生一系列影响，组织成员间的相处方式可以影响组织成员的工作态度，成员间良好的人际关系可以确保其在处理日常工作中保持积极良好的交流，共同商量决策出满意方案，同时减少由于意见不合所产生的摩擦，在求同存异的大方向下实现良性互动。组织内不同职能部门间也可以彼此之间协调好利害关系，正确应对未来所要面对的挑战。在良好的组织心理环境引导下，整个组织可以整体呈现出责任心和归属感，在遭遇突发情况时通过正确合作方式去渡过难关。组织心理环境可以直接影响整个组织管理，从心理层面去影响组织成员的积极性和创造性，精神环境情况在很大程度上影响着组织成员的工作态度和工作效率，组织本身是人的集合，组织心理环境可以在很大程度上影响整个组织的运行情况，对整个组织的目标落实情况产生深远影响。

  文化环境主要涵盖两个方面，一是制度文化（源自组织本身），二是精神文化。文化作为一种载体，可以通过特定的方式促进人与人之间信息的交流，并最终被运用到人们的日常生活中。这种文化的传递方式被称为制度文化，即通过一定的规则、惯例或规章制度等方式进行传递。制度文化在人们学习认识并逐渐接受文化的过程中扮演着桥梁的角色，使人们更容易认识和理解文化，并在其实践中反复演练，因此具有非常重要的价值。同时，制度文化也将不同的文化联系起来，促进文化的交流与融合。制度文化包括组织本身的规章制度、考核奖励制度和工作流程等，同时也需要考察组织本身的组织结构是否完整，只有拥有健全的结构组织才能拥有足够职能去处理各式各类事务，各个职能部门之间才可以互相衔接良好，使组织的日常运作可以正常进行。组织的精神文化本质是组织成员在生产生活这一动态过程中形成的对组织活动过程的精神思考和归属看法,它不仅包括组织的精神文化观,还包括组织的哲学观。组织精神是组织在管理过程中的主要观念,是组织准则化和统一化的意识表现,更是与组织的价值观念息息相关。组织精神不仅是组织内部人员不断前进的原动力,更是组织蓬勃发展的内生支柱,对组织的健康发展至关重要。

二、高校参与学习型城市建设动力影响因素框架构建

根据组织环境理论的框架解读,高校参与学习型城市建设动力影响因素框架包括外部环境因素和内部环境因素,其中外部环境因素包含政治、经济、社会和技术因素;内部环境因素包含物理、心理和文化因素,下面将依次展开论述。

(一)高校参与学习型城市建设动力外部环境因素分析

我国法律规定,高等学校是培养专门人才的公共组织,具有公益性,是具备部分公共管理职能的社会组织。高校作为一个公共组织,其自身环境也可以依据组织管理理论进行分析,从组织边界对组织环境进行划分,从高校外部环境与内部环境对高校参与学习型城市动力进行划分,进而在这一基础之上进行分析。

高校作为复杂的社会环境中的一个重要组织,一直受到周围外部社会环境的影响,外部环境对于高校足以产生重要影响,并且这种影响是巨大而持续性的。与高校内部环境相比,高校外部环境更加宏观,高校的日常运行工作也会受到各种宏观因素影响。分析高校的外部环境,可

以采用 PEST 分析法的研究思路，PEST 分析法会依据评价主体不同而产生不同程度的差异，分析的具体内容也不会完全相同，但一般情况下，PEST 分析法都会从单词首字母的政治（Political）、经济（Economic）、社会（Social）和技术（Technological）这几个方面入手，通过这四个不同角度，充分描绘组织所受到的外部环境影响。

通过对 PEST 分析法在高校领域有关研究的梳理，可以发现 PEST 分析法在高校这样一种组织形式中的有关研究也取得了丰富成果，如邱菊等通过 PEST 模型研究了高校推行数据化校园建设的可行性；[1]聂曼曼将高校图书馆作为研究主体，通过 SWOT-PEST 分析法探讨高校图书馆如何更好参与公共文化服务事业；[2]董润歌通过 PEST 理论探讨了如何完善高校内大学生运动员的培养体系等问题，从侧面表现出 PEST 分析法适用于高校这一研究对象。[3]综上所述，可以通过 PEST 分析法对高校外部环境进行分析，从不同视角理清高校参与学习型城市建设的动力来源，为后续研究动力影响因素提供研究框架。

1. 政治：高校参与学习型城市建设的根本保证

政治环境是高校开展一切活动的大前提，政治方针及政策导向对高校这一主体的价值观和行为准则进行引导，这种政策上的引导也使得高校自身的具体行动具备某种偏好，同时也存在着一种政治期望，进一步产生某种带有强制性色彩的社会约束。各级政府发布的一系列政策和文

---

[1] 邱菊、刘警徽、嘎瀛文：《PEST 模型下高校数字化校园建设的可行性研究》，《辽宁高职学报》2022 年第 1 期。
[2] 聂曼曼：《基于 SWOT-PEST 分析的高校图书馆参与公共文化服务研究》，《内蒙古科技与经济》2021 年第 6 期。
[3] 董润歌：《基于 PEST 模型的高校大学生运动员培养体系构建》，《普洱学院学报》2020 年第 12 期。

件都将对高校活动产生约束作用。在我国"十四五"发展规划中，建设学习型城市仍是一大热点，学习型城市建设本身就高度符合当前科技为导向的时代需要。为了响应国家号召，更好地实现学习型社会，各级政府相继出台学习型城市建设的相关文件和政策。城市本身是社会的一个子系统，更好地构建学习型城市也是实现学习型社会的一个重要途径，高校的参与可以为学习型城市建设注入全新的活力。

整个社会的宏观政治环境直接对高校的活动和发展产生重要影响，直接决定了高校的整体规划布局，也决定了高校是否有动机和条件参与到学习型城市建设中，从而影响高校参与学习型城市建设的动力。高校本身无法控制所处社会环境的相关政治因素，政治因素本身会对高校行为产生约束，因而具有约束性的特点。总体来说，政治因素可以划分为政治方针、政治制度、政治体制、法律法规和政策文件等多个方面，这些政治因素在宏观层面上规定了高校在参与学习型城市建设过程中应遵循的政治路线和价值观，规范着高校自身的日常行为。高校以此为前提遵循具体政策，开展高校参与学习型城市建设的具体工作。

高校参与学习型城市建设的过程中通常有多个政府部门共同参与，呈现出国家政策牵引范式。借助学习型城市建设相关政策的推出，我国学习型城市乃至学习型社会建设进程正在全面推进，高校是该进程中的重要组成部分，学习型城市建设的相关政策要引导高校参与到学习型城市建设进程中，在这一进程中高校参与学习型城市建设的制度逐渐得以完善，最终高校参与学习型城市建设的良好政策环境得以构建。党的二十大报告中提出："建设全民终身学习的学习型社会、学习型大国。"国家"十四五"发展规划和2035年远景目标纲要中也明确提出，在未来几年中要完善终身学习体系，建设学习型社会。在这些政策和制度的推动下，北京、上海、深圳和天津等众多城市的学习型城市建设取得了明显成效，并在这一过程中通过探索、积累实践经验形成了一套较为完善的策略。这些政策从侧面强调了学习型社会和学习型城市建设在国家发展规划中的重要地位，说明高校参与学习型城市建设顺应时代发展的潮流，是历史的必然选择。政策本身因为其强制性和广泛性特征，可以在很大程度上要求高校参与到学习型城市建设中，通过各种优惠政策、激励制度和奖惩措施推动和引导高校参与学习型城市建设，激发高校积极性，减少高校因为不重视等原因而导致的参与动力不足等问题。

高校参与学习型城市建设是国家政治话语的重要构成要素，是新时期城市发展的趋势。我国建立和完善终身教育体系起步比较晚，首次以正式文件提出是在1995年颁布的《中华人民共和国教育法》中，这也标志着终身学习体系和学习型社会建设进入了法制化保障的进程之中。1999年由国务院批转的教育部《面向21世纪教育振兴行动计划》中明确提出，到2010年我国将进一步推动并实现"基本建立起终身学习体系"，这也是我国初次明确应用"终身学习体系"的概念。2002年，我国初次明确提出构建学习型社会的战略方案，并提出到2020年我国要形成这一社会。2021年9月，习近平总书记在我国教育文化卫生体育领域专家代表座谈会中针对我国国民在学习中应构建并完善终身学习体系作了讲话，这也凸显出新时代下世界教育的发展趋势将迈向终身学习的新阶段，也反映了我国将积极推动建设学习型城市、贯彻全民终身学习的方针。我国经过多年的努力，使得终身教育体系和学习型社会建设取得了重大发展。学习型城市建设作为全面实现学习型社会的重要基础，在当前阶段需要投入足够精力，其本质就是要打造一个人人皆学、处处能学、时时可学的社会和城市。国家层面关于学习型城市建设的诸多表述是我国政治话语对学习型城市建设的重要诉求的体现。高校需要在未来学习型城市建设过程中继续发挥自身的教育职能，进一步拓宽自己的教育范围，不能限于传统高校教育中的校内专业人才培育，要将自己的教育事业发展到各行各业，从而促进学习型城市建设工作稳步前进。政治话语的导向性可以在整个社会范围内促成浓厚的舆论导向，既可以帮助高校认清自身定位，又可以让高校知晓参与学习型城市建设的必要性，进而产生一种推动力，促成高校参与学习型城市建设这一任务的实现。

2. 经济：高校参与学习型城市建设的基础保证

经济环境是高校参与学习型城市建设的基础条件，涉及国家、社会和市场等多个不同层次，包括经济发展情况、产业布局和未来经济走势等内容。经济环境本身是一个复杂的有机系统，由于涉及多主体多层次而具有多元性特点，并且根据经济环境会不断随着时间推移而呈现动态性这一特点，高校参与学习型城市建设情况会由于社会经济环境状况而产生不同程度影响，高校参与学习型城市建设动力强弱会明显受到市场需求强度的影响。高校可设置专门机构部门，通过专业教育、老年教育和社区教育等多维度、全方位参与学习型城市建设。随着经济社会的发展，社会继续教育、技能培训和老年教育的需求日益增加，高校也投入更多教育资源来满足社会的需求，在实现自身发展和满足社会需求的同时参与学习型城市建设。与高校相关的产业结构调整、未来布局规划和新行业兴起等会直接影响高校的发展规划，这些关键的市场外部环境因素也会对高校参与学习型城市建设动力产生不同程度影响。

第一，经济的快速发展和科技的进步要求高校参与学习型城市建设。理念更新、文化发展、技术进步、科技创新、管理优化、模式升级和制度完善等，是推动一个国家或地区经济持续增长不可或缺的重要因素。

一定数量和质量的人力资本存量和增量，是使其达到一个较高水平的最为关键的要素。我国经济社会的快速发展，不断对人力资源提出更高的要求。高校自身所拥有的教育资源和所承担的教育职能使其责无旁贷地参与其中，原本教育培训工作就带有强烈的市场需求导向这一特征，在当前环境下市场在职人员的教育培训需求骤增，这也成为一种强大推动力，促使高校参与到社会各类型教育培训中，成为推动高校参与学习型城市建设的强大动力。

第二，构建终身教育体系，实施终身教育战略，是实现经济增长和社会进步的必然选择。教育和学习的终身化，已经成为新世纪国际教育发展的必然趋势。经济全球化和新常态趋势加快了中国产业结构调整的步伐，也加速了企业的进化和在职人员的流动，使岗前培训和转岗培训的教育需求大增。同时，经济的全球化加速了技术的传播、竞争和更迭，对职工的素养提出了更高的管理和技能要求。在这一时代背景下，构建终身体系符合时代发展要求，政府和企业相继投入大量教育培训经费为组织成员提供专业培训服务，这也使得高校愿意将更多工作重心转移到社会服务中，因参与学习型城市建设而获取的经济回报，可促使高校参与到学习型城市建设中。

3. 社会：高校参与学习型城市建设的动力

社会环境是人类在长期劳动过程中形成并不断发展的一种有机复杂的环境体系，会由于所处时期不同而带有具备同时代特点的政治、物质、精神和生态等方面文明的相关标志。社会环境本身是动态且多样化的，可以对高校本身的战略目标产生直接影响。当前居民的受教育程度逐年提升，对教育水平的期望值也越来越高，自然对教育尤其是高等教育提出了更高层次的要求，这些改变也有助于产生强大动力，推动高校参与学习型城市建设。

　　高校参与学习型城市建设和构建终身教育体系有助于化解中国社会当前主要矛盾，是高校回应时代需求的重要手段。教育是高校的最本质的责任，教育是民生的重要内容，良好的教育可以为市场提供足够高质量的劳动力，推动社会进步。同时"办好人民满意的教育"也是党和各级政府长期以来贯彻的根本方针。"人民满意"这一概念本身建立在"人民需要"的基础之上，从马克思主义哲学的角度上说，矛盾是一切事物发展的动力源泉，任何事物发展的根本动力便是矛盾，而当前社会的主要矛盾便是"人民日益增长的美好生活需要和不平衡不充分的发展之间的矛盾"，高校本身拥有大量教育资源，但并非每一个人都有机会利用高校中的教育资源，这也促使高校积极投身社会和城市中分享教育资源，由于教育资源掌握方和需求方之间存在结构性的差异，也促使高校积极参与到城市终身学习体系和学习型城市建设中。

　　结合马斯洛需求理论，"人民需要"这一概念可以进行进一步划分，具体划分为物质上的需要、社会上的需要和心理上的需要。物质上的需要可以对应马斯洛需求层次理论低层次需求，即生理需求与安全需求，具体包括城市居民对高校教育资源和环境等方面的需要；社会上的需要可以对应马斯洛需求层次理论中层次需求，即社会需求，具体包括城市居民对于终身教育公平性和个性化等方面的需要；心理上的需要对应的是尊重需求和自我实现需求，这是马斯洛需求层次理论高层次需求，具体包括城市居民在终身教育过程中可以获得的尊重感、满足感和自我实现感等，参与学习型城市构建和终身教育体系构建也可以让参与者获得多方面需求满足，成为一种精神上的推动力。伴随着人民生活水平的不断提升，在不同的社会发展阶段，这三种层次的需要呈现截然不同的情况，尽管三种需要呈现出递进关系，通常是一种低层次状况基本满足之后高层次状况逐渐显现，但无论是在哪种情况下，人民对于教育资源的需求在任何时期都保持着较高水平，高校自身可以满足人民需要的资源也可以对应三种层次，分为三类：功能相关、品质相关和自我实现相关，其中高校所提供的功能相关服务是最低层级，仅仅只是提供最基础的教育而不论质量如何，更高层级的品质相关服务则是开始注重教育本身的类型和质量，从"要上学"转变为了"要上好学"，而最上层次的自我实现则是受教育者追求通过专业技能的持续学习不断提升自己，旨在使自己的综合能力得到更好的提升进而能为社会作出更多物质和精神上的贡献。正因为在教育者和教育需求者之间存在这些根本矛盾，城市居民在不断增长的美好生活需要这一时代环境下不断要求提升自身，相较于过去有更多机会和条件接受教育去实现自我提升，这些由矛盾带来的教育需求也为高校带来了教育培育多样化的发展要求，最终成为高校参与学习型城市建设的动力。

4. 技术：高校参与学习型城市建设的驱动工具

技术环境是指可以对高校参与学习型城市起到发动和加速作用的相关科学知识或者具体应用技术等，其形式多种多样，而且具有复杂性、动态性、多样性、依赖性和普及性等特点。技术环境与前面所述的政治环境、经济环境和社会环境之间会发生相互作用，因而具有复杂性这一特点；技术本身会随着社会变革发展与经济当前环境变化的需求而不断发生改变，使之具备动态性的特点；技术这一概念可以作为理论状态存在，影响行业相关理念进行更新，又可以依附于实体和虚拟载体继续存在，因而具有多样性的特点；技术本身会随着当前时代环境下市场行业的主流知识体系偏移而发生改变，通过不断自我革新而适应市场发展需要，其自身存在的具体形态依赖于市场现存主流知识体系，所以具有依赖性的特点；同时技术对于市场的影响不限于某一特定组织或者行业，其会对与社会相关的一系列生产活动产生推动力，具有广泛的适用范围，所以具有普及性的特点。技术的更新迭代会对高校教育形式与覆盖范围提供全新的可能性，也使得高校有更好的硬件和软件设施参与到学习型城市建设中去，更好地构建终身教育体系。技术升级过的硬件技术帮助高校面向校内外学生提供更好质量的教学，软件技术则为高校带去更多教育渠道并提升其服务品质，在提供更好的线上线下教育服务的同时降低资源成本。同时一些全新技术的出现也可以帮助高校更好地找到自身市场定位，例如大数据的出现可以帮助高校更好地了解市场需求所在，进而使高校依据实际情况更好制定新的战略，这也帮助高校更好地参与学习型城市建设。

技术更新为社会带来更多的市场需求，提升高校参与学习型城市建设动力。在第一次工业革命出现之前，人类社会的发展相对比较缓慢，劳动力市场需求相对比较稳定，新理念新技术的出现相对迟缓，市场岗位的技术要求分化不太明显，整体的市场变化情况相对静止。而在第一次工业革命出现以后，新技术新理念出现并且广泛投入市场，整个社会岗位的技术需求变化加速，也对岗位任职人员提出更高的要求。针对新出现的岗位，企业方面积极开展有关培训，通过培训使原有职工和新入职员工掌握新技术新技能以适应全新的岗位，同时部分原有岗位因为受到新技术所带来的冲击正在被不断取代，这也对企业的教育培训工作提出更高要求。而之后多次科技革命的发生，也加速了技术更新频率，对原有社会岗位的冲击强度逐渐变大，例如第二次工业革命对原本劳动力市场所造成的冲击远大于第一次工业革命，一些新出现岗位的职工不能像第一次工业革命时那样仅仅只是通过简单培训就足以上岗任职，企业需要花费更多的人力、财力、物力对职工进行培训，在之后诸如互联网等技术的诞生更是加剧了这种态势。因此在当前这种技术更新不断加剧的时期，各行各业的岗位更新速度提升，使得市场上各类组织对于教育培训的需求超越了以往任何时期，我国政府也是在过去几年中大力推行了包括"互联网＋"行动计划、"十四五"国家战略性新兴产业发展规划等重大战略，也标志着原有市场正在结合全新技术的出现而作出相应改变。这也意味着高校愿意发挥自身优质教育资源，参与到各类型市场培训中去，尽可能对更多行业输送高质量人才以捕获更多市场需求，这种市场上发生的技术革新可以为高校自身教育培训发展送去更多机遇，高校在抢占市场发展机遇的同时又为国家发展注入全新活力，为了更好地运用自身优势融入市场去把握先机，高校也会生发出动力完善自身软硬件，最终推动高校参与终身教育体系构建，更深度地加入学习型城市建设之中，新技术的产生与应用帮助高校以更低成本和更多资本参与学习型城市建设，直接影响高校制定未来战略，进而影响高校参与学习型城市的具体意愿。新技术的出现也帮助高校在日常工作中有更多渠道进行教育培训，加速了高校参与学习型城市建设、构建终身教育体系的进程。例如"慕课"等在线教育平台兴起让高校可以进行更加广泛全面的教育，高校在新冠肺炎疫情期间也大力完善了自身的教育渠道，让线上线下教育更好地结合。毫无疑问，现代信息技术的大力发展与使用，改变了高校教学知识的方式，一些用传统方式教授的专业技能也及时进行信息化改造，扩大了教学半径与覆盖范围，同时现代信息技术改变了教授者与被教授者双方的交流方式，使得高校可以以较低成本参与各类教学活动，不论地点和时间的差异。技术的不断发展可以影响整个市场产业结构，使高校工作的重点转移到更加广泛的领域，影响着高校的发展战略及未来发展方向。

综上，高校参与学习型城市建设的外部动力因素分析框架如图 3-1 所示。

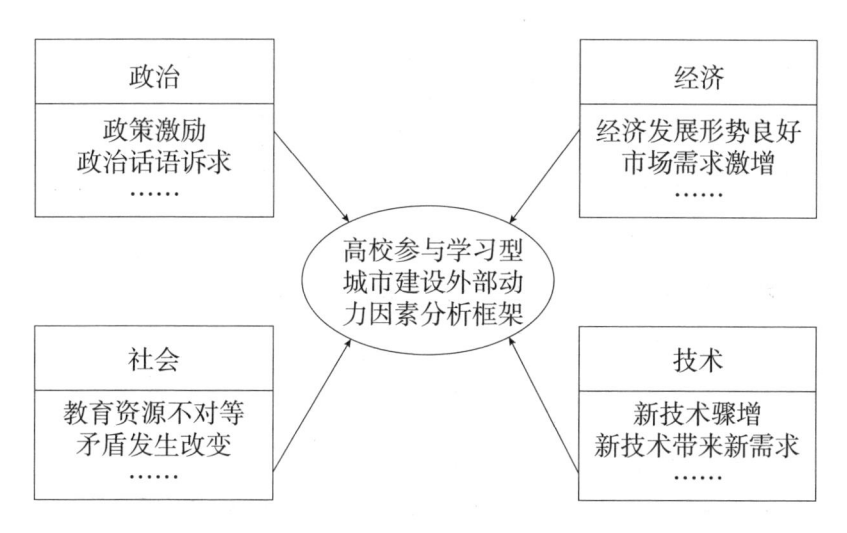

图 3-1　高校参与学习型城市建设的外部动力因素分析框架图

（二）高校参与学习型城市建设动力内部环境因素分析

与外部环境相比，内部环境是相对可控的，高校管理层可以根据自身情况对内部环境进行一定程度的干预，高校本身也由众多子系统组成，可以被看作是一个复杂系统。这一系统可以受到各种因素影响，高校参与学习型城市建设动力也同样可以被这些内部因素影响，最终对高校参与学习型城市建设动力产生一系列影响。依据组织环境理论，高校的内部环境可以分为物理环境、心理环境和文化环境三大部分。

1. 物理：高校参与学习型城市建设的基础保障

当一个组织无法满足内在物理环境时，组织成员难以保证最基本的积极性，会出现工作热情骤减、效率低下甚至怠工、罢工、离职等一系列负面现象，当组织成员最基本诉求难以满足时，会对组织造成消极甚至是破坏性影响，最终导致失败。对于高校参与学习型城市建设而言，各种软硬件资源的大量投入与合理配置是前提，因为这是建设学习型城市的重要基础和保障，并且高校需要保障自己的物理环境是完善且有效的，只有在这一前提下才可以更好地参与学习型城市建设。

完备的软硬件配套设施是高校参与学习型城市建设的前提条件。建设学习型城市已经成为知识经济背景下提高城市竞争力的重要途径，而大学（高校）作为知识生产、文化传承和科技创新的主要组织，对建设学习型城市具有举足轻重的作用。[1] 如在上述外部环境分析中所提到的，高校参与学习型城市建设是多渠道全方位的，充足的软件和硬件设施是高校建设学习型城市的必要支撑。高校科技、教育、文化事业等的发展构成软件支撑，高校文化、教育培训设施、学习网络设施以及各级组织的学习场所构成硬件支撑。[2] 足够的设备条件使其能够顺利开展教育培训服务，为施教者提供更加舒适的工作环境，使之从心理上乐于从事终身教育有关活动，更好地促进高校参与学习型城市建设活动。而基于网络信息技术发展与疫情防控常态化的时代背景，高校依托网络教育技术，发挥人力资源聚集优势，整合现有教育资源打造在线课程，构建新媒体教育平台等，减少因教育资源开放和服务对象扩大所带来的参与阻力，实现参与学习型城市建设费效比的最大化，减少了抵触情绪，增强了参与意愿。

开放的终身学习场所（教育资源）是高校参与学习型城市建设的重要载体。高校参与学习型城市建设需要专门部门与场所，独立的职能部门有助于更好地规划学习型城市建设相关工作，推进整个活动开展。对于终

---

[1] 刘翠、刘娜：《异地校区：区域创新视角下大学与城市的资源匹配》，《建筑与文化》2020年第5期。
[2] 徐娜：《关于学习型城市的政府角色打造》，《理论探索》2004年第11期。

身教育所涉及的具体培训来说，专门场地的使用可以帮助使用者更好地进行培训与被培训，不论是对校内培训还是校外培训来说，有效的活动场所都可以极大地方便使用者，有助于提升其参与意愿，进而提升参与学习型城市建设的动力。终身教育体系构建已经发展多年，高校已经有了许多经验，同时有了一些专门场地去开展终身教育培训活动，这也减少了高校参与学习型城市建设的阻力，反过来说也提升了其参与动力。

合理的机构设置和专业的人才队伍是高校参与学习型城市建设的软实力。合理的机构设置可以将学习型城市建设任务有效规划、协调调度并组织实施，确保建设学习型城市工作的高效运转。专业的人才队伍是学习型城市建设的具体实施者，他们的专业程度不仅关乎建设的进程，还影响着建设的质量，既发展着学习型城市建设的理论，又从事着学习型城市建设的实践工作，是整个高校参与学习型城市建设的中坚力量。因此，合理的机构设置和专业的人才队伍对高校参与学习型城市的动力具有较大的影响。

2. 心理：高校参与学习型城市建设的润滑剂

组织内部心理环境包括组织内部人际关系、人事关系、组织成员的责任心、归属感、合作精神和奉献精神等。人的心理会与所处环境发生联系，受到所处环境的影响，同时人在理解外部环境时会因为个体的不同，导致所感知到的外部环境也不同，人会因心理受到外部环境影响而走向不同的发展方向。因此，良性的心理环境有助于个体心理健康发展，正确协调处理人际关系，和谐的内部交流氛围有助于共同事业的推进。高校良好的交流氛围可以帮助成员相互之间更好地了解对方的想法，这种良好交流既可以是同事之间的，也可以是上下级之间的。大型组织管理趋于扁平化，上级管理者采用分权方法，将权力下放到高校每一个单元，这也使得高校这一组织间交流更加频繁，互动次数更多，互相之间更为了解。这一组织发展趋势有助于高校内各部门间相互交流，促成友好关系的实现。高校参与学习型城市建设本身就是一个大工程，需要很长的周期才可以实现，在这样一段时间中，良好的交流氛围可以使成员更好地理解学习型城市发展内涵，成员在理解的基础上才有足够意愿参与到学习型城市建设过程中去，在参与过程中正确面对困难并且解决困难，确保任务能顺利推进，有助于推动高校参与学习型城市建设。

3. 文化：高校参与学习型城市建设的黏合剂

文化环境可以分为制度文化环境与精神文化环境。依据组织管理双因素理论的基本思想，制度因素本身具有强制性，可以作为保障因素确保活动的顺利展开。精神因素则是在活动开展得到基本满足时，提升组织活动开展质量的激励因素。当缺失精神因素时，虽然活动不至于失败，但是效率难以提升，质量难以保障。因此，对于高校参与学习型城市建设的文化环境分析需要结合制度与精神两个层面展开，才可以拥有完整的文化环境视野，使其动力分析具有完整性和全面性。

第一，基础层面的制度设立是高校参与学习型城市建设的基础保障。近年来高校规章制度的建立越来越强调终身教育体系的构建，也使得高校的利益相关者不断理解终身教育的内涵及其重要性，从心理层面接受并落实终身教育任务，有助于推动学习型社会和学习型城市建设。这些规章制度本身涵盖了终身教育体系构建的基本要求，这些规章制度也对高校群体提出终身教育和参与学习型城市建设的基本要求，高校规章制度本身便带有强制性要求，对高校参与学习型城市建设有着具体的规范和要求，同时分明的奖惩措施也激励利益相关者积极参与学习型城市建设，为学习型城市建设注入动力。

第二，良好的终身学习文化氛围可以促进高校参与建设学习型城市。

时时学习、处处学习和人人学习是学习型城市的最大特征,该特征为学习型城市提供了健康的学习环境,促进了全民主动学习、终身学习、敢于创新,有效提高了全民参与终身学习的积极性。[①] 高校的终身学习文化可以直接对高校利益相关者产生不同程度的影响,增强其对于我国终身教育事业的归属感与认同感。当一所高校拥有足够浓厚的终身学习文化时,高校成员的精神信念、价值观念会与高校参与学习型城市建设意愿高度一致,高校和其成员参与学习型城市建设的精神风貌会得以呈现,这也是整个学习型城市建设的重要精神动力。高校开展的终身教育、终身学习相关的活动与舆论导向使得高校潜移默化地培育出终身学习文化,并影响利益相关者,使之接受并投身终身教育事业,为高校参与学习型城市建设注入强大动力。

综上所述,高校参与学习型城市建设的内部动力因素分析框架如图3-2所示。

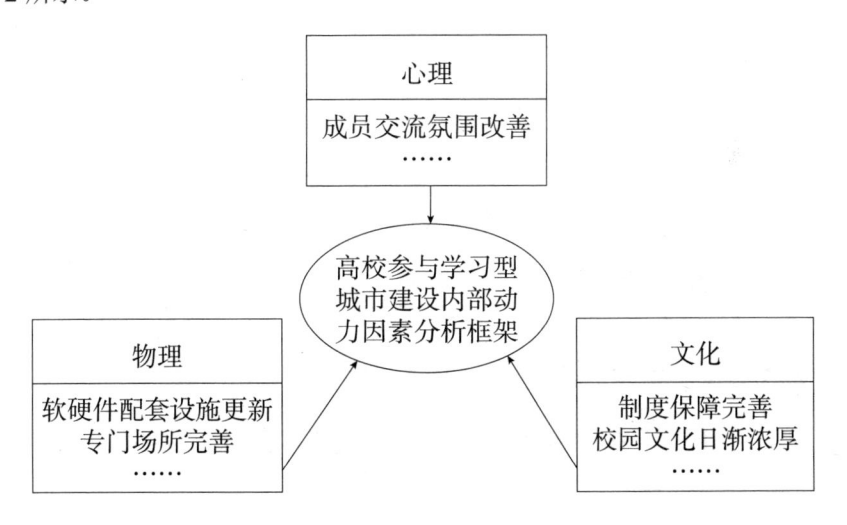

图3-2 高校参与学习型城市建设的内部动力因素分析框架图

[①] 王彬:《学习型城市指标体系的构建与评估研究——基于泛化教育创新绩效的视角》,硕士学位论文,东北财经大学,2013年,第9—24页。

本研究通过组织环境理论对高校参与学习型城市建设动力进行分析，分别从组织内外部进行不同角度探讨，包括政治环境角度、经济环境角度、社会环境角度、技术环境角度、物理环境角度、心理环境角度和文化环境角度这七个方面，对结论进行整理的最终结果如图3-3所示。本研究在之后篇章中将以此为基础进一步寻找模型所需变量，以建立仿真模型进行后续研究。

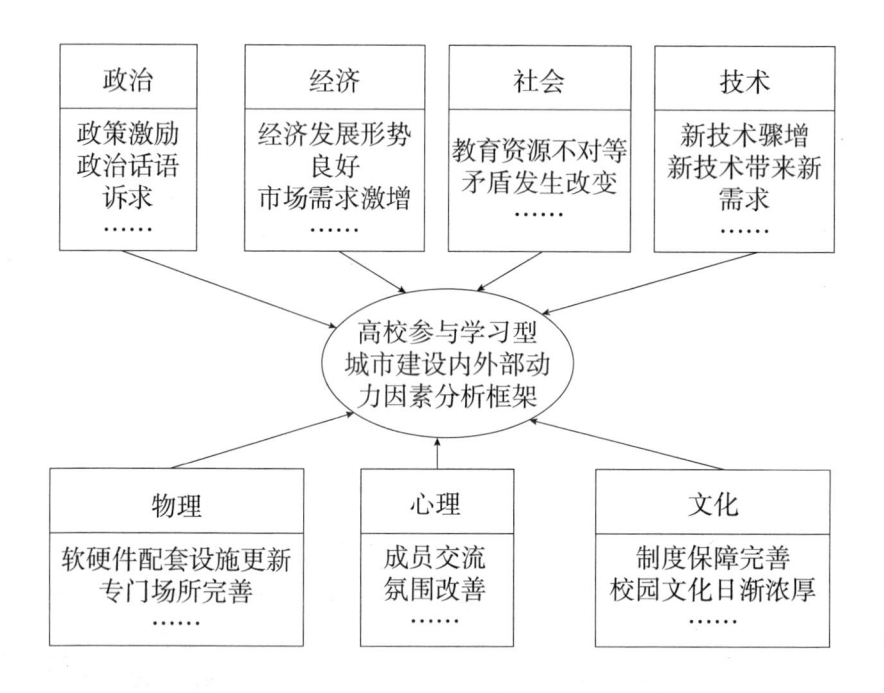

图3-3 高校参与学习型城市建设的动力影响因素分析框架

第三节　研究设计

一、研究思路

　　学习型城市建设本身就是一个动态且带有文化特色的过程，不同的评测体系突出的评测重点各异，加之学者们对特征和内涵的理解不同，所以每个评测指标体系都带有不同的时代特征和文化烙印，本研究在提取高校参与学习型城市建设动力影响因素模型的过程中充分借鉴了前人的研究成果，尤其是关键时间节点的政策、实践和成果，循着学习型城市的发展脉络，并结合当前我国实际，构建高校参与学习型城市建设动力的影响因素模型。基于以上思考，在前面构建的高校参与学习型城市建设的动力影响因素框架基础上，借鉴联合国教科文组织的文献、教育部等相关部门的政策、文件，以及国内外比较有代表性的评价指标体系设计访谈问卷。通过对高校参与学习型城市建设利益相关者的深度访谈获取访谈文本，据此获取高校参与学习型城市建设动力影响因素。

二、研究方法

　　扎根理论是由美国社会学家巴尼·格拉泽（Barney Glaser）和安塞尔姆·L. 施特劳斯（Anselm L. Strauss）在 1967 年初次提出的，它是以数据的收集和数据整理剖析为基础而创建的一种定性研究方法。这种方法将问题的发现和理论的构建视为自然界事物顺应变化的过程，它更贴合内涵模糊的研究主题。扎根理论更加注重理论的发展，认为理论源自于现实生活实践，根植于收集数据、整理数据、分析数据的过程中。对于上述方法的应用，不论是在前期的资料收集过程还是在后期的数据分析过程，以及得出理论的过程，每个环节都需要通过严苛的程序，并且各程序之间有着周密的内生联系。格拉泽和施特劳斯提出，在实践中运用扎根理论时，数据的收集和归纳整理分析是同步进行的，在获取和处理数据的过程中构建分析代码和类属。采用反复对比的方法，在数据处理的每个步骤中形成理论发展，并通过做记号来不断改进类属，从而得出类属的属性，逐步推导出类属之间的关系，发现类属之间的间隙。为更好地构建理论目的进行随机抽样，研究者最后对形成的分析结果进行文献述评。

　　扎根理论是一种基于某一现象，经由推理、比较、假设检验以及理论建构等手段，施以系统化的程序，从而总结出的某种理论的定性研究方法。其目的主要为了获得某一理论，可将其简要概括为，针对某一现象得出研究主题的分析框架，而不仅限于采用描述性统计来说明研究主题。研究者们从选定的研究主题入手，首先，全面收集数据并对其进行分析，进而概括出与研究主题联系最为紧密的研究实体；其次，通过比较与修正，对相似性和差异性较高的范畴进行修正，依次反复对比分析；最终，形成理论性命题和假设。[①]这一流程首先开始界定研究现象，然后通过文献查找并收集数据，通过分析数据并构建理论，结合理论饱和度检验，最后得出研究结论。在数据分析和理论建构过程中，研究者需要反复获取数据进行迭代，直至理论饱和度最佳。相较于其他方法，扎根理论侧重于资料收集和整理的动态性，在研究中可不断完善，使该理论具有整体性和可靠性。

扎根理论的研究步骤分为六步：第一步的界定现象反映了研究者在初始阶段对问题的把握是模糊不清的，对所要研究的问题只有概括性的轮廓，尚不能具体到细节。研究者首先不能带有任何主观判断或对问题带有倾向性的认知，以便在进入下一阶段时对研究能够作出理性判断，在这过程中仍然会自然推导产生许多问题，直到逐步确定界定现象。第二步是文献探讨。在界定现象后，研究者需要逐渐进行文献梳理和阅读。在文献阅读中存在的潜在残缺信息和当前研究理论空白，促使研究方向逐层细化。第三步是数据收集。作为一种从资料中总结归纳形成理论的研究方法，科学、丰富和翔实的数据采集是保证理论完整性的重要前提。其中，数据获取的途径主要包括查阅文献资料、开展问卷调查、进行访谈等。第四步是数据分析和理论构建。这是扎根理论最核心和精华的部分，同样也是考验研究者功底的部分。首先将收集到的数据进行编码，数据编码的过程可分为三个阶段，即开放编码、主轴编码和选择编码。编码的具体做法是将初始收集的数据进行深入剖析，从而形成较为详细的概念和分类的过程，即概念化和范畴化。实质理论和形式理论是理论构建的两个方面，前者是以初始数据为依托构建出应用于解释特定情形

[①] [美]朱丽叶·M.科宾、[美]安塞尔姆·L.施特劳斯：《质性研究的基础》，朱光明译，重庆大学出版社2018年版，第9—10页。

的理论，后者是形成相对完善的体系和逻辑构架。第五步为理论饱和度的检验。当数据的分析对理论不再有新发现或新贡献时，即达到了理论饱和，一旦达到理论饱和，则该研究过程结束，否则就要重复前面的步骤直至达到理论饱和，该过程结束。第六步是结论和建议。该过程旨在采用构建理论来解决实践中存在的问题，最终得出最佳解决方案。具体流程如图3-4所示。

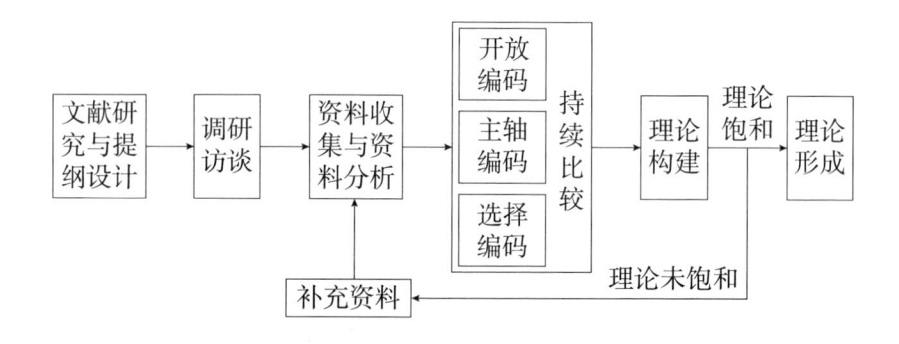

图 3-4 扎根理论研究流程图[①]

本研究首先采用深度访谈来获取原始资料，然后利用扎根理论进行深入分析，最后归纳总结得出理论模型。本次访谈内容主要围绕高校参与学习型城市建设的影响因素这一主题展开，访谈提纲详细概况见文末附录。每次访谈均在征得被访者同意的情况下进行录音和文字记录，与每个被访者的访谈时间大约为30—60分钟。根据设计的内容可知，本次研究不宜采用随机抽样方式，主要原因有如下两个方面：一是由于研究

---

① 黄辉华、余昌胤、张年、魏来、冯毅:《基于扎根理论的医院管理者视角下医师多点执业现存问题及对策的质性研究》，《中国全科医学》2019年第1期。

涉及的面较广，采用随机抽样会增加研究的成本。二是所研究的问题专业化程度较高，需要访谈对象有丰富的专业实践经历和较深厚的专业知识。基于上述两个原因，本研究采用标准抽样法。抽样标准也要满足一定的条件，一是选择的访谈对象需直接或间接地参与过学习型城市建设工作或开展过相关工作的研究；二是选择的访谈对象需具备高信息密度和强度。

三、样本选择

2019年10月联合国教科文组织（UNESCO）终身学习研究所和哥伦比亚麦德林市联合举办的第四次国际学习型城市大会（ICLC）在麦德林市举办，会议聚焦"包容——终身学习和可持续城市的原则"这一主题展开交流。代表中国作大会发言的是上海市教育委员会副主任倪闽景，会上"建设包容、可持续发展的学习型城市的上海经验"引发了国内外的广泛关注。联合国教科文组织终身学习研究所所长戴维·阿乔莱那对上海高校参与学习型城市建设的"上海经验"给予了高度评价。基于此，本研究选择"上海经验"作为经典案例进行现状分析。

"上海经验"的成功，说明上海高校在学习型城市建设中发挥了重要作用。为此，基于利益相关者理论中所阐述的内涵、分类方法和标准，本研究总共选取了来自上海市政府、高校等的23位高校参与学习型城市建设的利益相关者作为访谈对象，如表3-1所示。然后将这23位访谈对象的访谈记录（录音和文字）整理为完整翔实的访谈资料。为保证研究的严谨性和科学性，本研究从23份访谈记录中随机抽取4份访谈资料用于扎根理论饱和度检验分析，将剩余的19份用于扎根理论分析。在随后的研究中对扎根理论的开放编码、主轴编码和选择编码等阶段逐次进行深入探析。

表3-1 访谈样本表

编号	单位	人数
A	××××大学A老师	1
B	上海××××研究所B老师	1
C	××××大学C老师	1
D	××××大学人才发展研究中心D老师	1
E	××老年大学联盟E老师	1
F	××××大学F老师	1
G	××市学习型社会建设与终身教育促进委员会办公室G老师	1
H	××大学H老师	1
I	××××大学I老师	1
J	××××大学J老师	1
K	××××大学K老师	1
L	××××大学L老师	1
M	上海市长宁区××大学M老师	1
N	×××学院继续教育学院N老师	1
O	上海××××大学O老师	1
P	上海××大学P老师	1

续表

编号	单位	人数
Q	上海市××××协会院校教育专业委员会 Q 老师	1
R	上海××××金融学院 R 老师	1
S	上海市××区学习型社会建设与终身教育促进委员会 S 老师	1
T	上海市××区教育局 T 老师	1
U	上海市××区学习型城区建设与终身教育促进委员会 U 老师	1
V	上海市×××区社区学院 V 老师	1
W	××××大学 W 老师	1

四、访谈实施

笔者分别于 2018 年 7 月、2019 年 6 月实地开展了对 23 名高校参与学习型城市建设的利益相关者的深度访谈，访谈地点位于上海某高校和科普基地，访谈时间不受限制，最终每位受访者受访时间在 30—60 分钟不等，具体访谈时长和地点见表 3-2。在访谈过程中，为最大限度地保证访谈资料的完整性，在征得受访者同意的前提下对整个访谈过程进行了全程录音和文字记录。访谈的大致流程如下：第一，向受访者大概介绍访谈的目的和研究的主题；第二，询问受访者是否能够进行访谈录音；第三，在征得受访者可以录音的许可后，根据访谈提纲开始访谈询问；第四，按照访谈提纲逐项进行访谈，在同受访者询问交流的过程中尽可能地详细记录关键访谈内容，并对某些关键性的回答或者线索性的信息进行深度追问；第五，结束访谈，关闭录音，同时感谢对方接受访谈。

表 3-2　访谈时长及访谈地点信息表

受访者	时长	访谈地点
A	45 分钟	××××大学/××市科普基地
B	46 分钟	
C	48 分钟	
D	51 分钟	
E	37 分钟	
F	51 分钟	
G	43 分钟	
H	39 分钟	
I	43 分钟	
J	45 分钟	
K	49 分钟	
L	52 分钟	
M	44 分钟	
N	48 分钟	
O	55 分钟	
P	57 分钟	
Q	46 分钟	
R	49 分钟	
S	55 分钟	
T	56 分钟	
U	48 分钟	
V	50 分钟	
W	56 分钟	

第四节　研究过程

从海量原始资料中总结归纳出理论是扎根理论最大的特征，该理论认为只有通过对资料的分析才能对其所蕴含的价值观进行解读，同时，对社会现象具有解释力的理论才能被提出。理论构建过程自下而上是扎根理论特别强调的，而且有别于首先进行理论模型构建的定量研究，也与一般的相对宏大的理论有着明显不同，扎根理论从一手资料入手进行分析归纳，而不对研究者自己事先设定的假设进行逻辑推演。因此，研究者进行扎根理论分析的必要前提是获得一手的资料。本研究的主要资料（深度访谈记录）来自于23名利益相关者，为了最大限度地还原话语的原始性，访谈完每位利益相关者以后，笔者会结合现场录音进行文字转录工作，并尽量还原受访者在访谈过程中的真实反应，包括回忆和描述受访者在访谈过程中的非语言动作、表情和情绪变化。

一、开放编码

整个编码过程的第一步就是开放编码。在这一步中，研究者首先必须排除一切主观倾向和个人喜好，并且秉承包容开放的态度进行无差别地、客观地编码。然后，研究者将记录和收集的资料信息随机打乱，并将打乱的资料信息进行深度解读，根据其包含的关键信息逐条赋予相应的概念，最后将所得的概念重组。为了从初始资料中找到类属，本研究对资料进行开放编码，概念化并命名类属，从而确定属性和维度。

结合文献的梳理，基于对访谈资料的分析以及所提取的相关概念进行逐行编码，并对这些编码进行类属的划分，为下一步研究的开展做好准备工作。首先，本研究整理了随机抽取的19份访谈资料，访谈资料信息最大程度的完整有效获取是确保研究开展的必要前提，本研究采用逐行编码方式来为每行数据命名。随着编码的深入，本研究发现并不是所有的文本资料或者所有的句子都对研究有价值，之所以采用渐进式编码，是为了避免信息被遗漏和忽视，导致饱和度检验出现问题。但是，类似于"不知道""不好说""讲不清楚""很有可能""也许是吧"等过于简单或没有意义的访谈资料，在编码过程中应予以排除。第二，在对文本进行开放编码的时候，为了在研究过程中能够快速判断文本的准确出处，本研究通过"访谈对象的编码和被访者访谈原始代表语句"这样的方式进行编号。第三，对开放编码进行归类，形成范畴。本研究将文本逐行编码，经过多次整理，最终抽象出官方政策、政府发展规划和相关法律法规等30个概念，政治、经济、社会、技术、物理、心理和文化7个范畴和内部、外部2个主范畴。表3-3展示了访谈资料概念化和范畴化的过程。

表 3-3 高校参与学习型城市建设影响因素的概念化和范畴化过程

编码	访谈原始代表语句	概念化	范畴化
A12	高校发展对外教育事业，很大程度上是受到政策驱使。	官方政策	政治
D08	政府所颁布的具体政策对高校产生直接影响，政策是一个最基础要求，鞭策高校开展终身教育事业。		
F13	教育部等七部门就我国学习型社会建设特别是学习型城市建设工作提出了目标、要求，制定了任务，作出了部署，并且要求各地把学习型城市建设纳入当地经济社会发展规划，并在实际工作开展中予以落实。		
H06	政府颁布的政策制度可以从物质和精神两个方面对高校起激励作用。		
A04	现在终身学习被提上国家重点规划，学习型社会包括学习型城市都成为未来发展方向，所以高校相较于之前更加重视教育事业。	政府发展规划	
M15	为进一步完善静安区终身教育体系，统筹推进静安区学习型城区建设，《静安区学习型城区建设与终身教育"十四五"发展规划》正式发布，静安区将率先建成有力助推城区现代化进程、有效回应市民新时代美好生活诉求的高水平学习型城区。		
F05	上海市教育委员会和上海市学习型社会建设与终身教育促进委员会办公室印发了《上海市终身教育发展"十四五"规划》，旨在建成更高质量的学习型社会，完善普惠多元、泛在可选的终身学习环境，形成与社会主义现代化国际大都市相匹配的学习型社会和终身教育氛围，有效服务市民终身发展。		
I11	高校需要更加积极地推进终身教育事业发展，以响应国家发展规划具体布局。		

续表

编码	访谈原始代表语句	概念化	范畴化
T09	近年来颁布的法规规范了整个教育行业，保障了参与者的权益，减少了高校参与终身教育事业的抵触情绪。	相关法律法规	政治
N07	上海通过并实施了《上海终身教育促进条例》，为上海高校参与学习型城市建设提供了坚实的法律保障。		
S05	推进学习型城市建设要坚持以人为本，以促进市民全面发展为根本目的，坚持终身教育理念，建立健全有关终身教育的法律法规，落实终身教育工作的法律地位。		
V08	加快制定促进终身教育、加强学习型城市建设的地方性法规，通过法律法规规定政府、企事业单位、社会团体和个人的权利、义务及相关责任，真正实现学习型城市建设有法可依。		
A10	为了保障高校参与学习型城市建设过程中所涉及的利益，需要及时完善有关法律法规。		
R07	成人教育等相关利益不是高校工作重点，参与效果是否良好很大程度上要看高校的自主性，培养良好的社会舆论导向可以促使高校更好地履行自身职责，提升参与动力。	社会舆论	
T11	构建学习型社会是一项系统工程，需要全社会深入地宣传学习型城市，让市民喜欢、热爱终身学习，在全社会形成良好的学习和创新氛围，营造出建设学习型城市浓厚的舆论氛围，不断提高政府、高校、企业和广大市民在建设学习型城市工作中的自觉性和能动性。		
O07	需要培养出高校参与终身教育的社会风气，形成高校参与终身学习和学习型城市建设良性循环。		

续表

编码	访谈原始代表语句	概念化	范畴化
I17	通过各类媒体宣传高校参与终身学习的成果，让全社会达成共识，督促高校参与到学习型城市建设过程中。	媒体宣传	政治
I08	通过对高校终身学习成果的宣传，可以对高校产生精神上的激励。		
D12	各大新闻媒体要倡导终身教育理念，推广学习型城市建设过程中涌现出来的先进典型和经验，宣传创建学习型城市的重要意义、指导思想和目标任务，引导广大干部群众积极投身创建学习型城市的伟大实践。		
B02	大力表彰创建学习型城市、组织和个人过程中涌现出的先进典型，彰显榜样的力量，让他们充分发挥带头作用。		
F18	媒体和舆论对高校的激励一方面是物质的，另一方面是精神上的，这就需要多通过媒体对高校终身学习构建工作给予肯定。		
L03	推动高校参与学习型城市建设需要政府投入足够资金。	政府资助	经济
T05	政府需要提高对高校参与学习型城市建设的重视程度，对其给予足够的公共资源以支持高校。		
S13	高校可以与政府进行合作，提升自己在终身教育事业中的资源整合力，尽可能多地争取政府财政支持。		
P06	高校参与学习型城市建设需要积极与政府和企业等有关组织展开合作。		

151

续表

编码	访谈原始代表语句	概念化	范畴化
K06	企业在这一过程中基于自身需求会对高校给予一定资助，并在互动过程中实现双赢。	企业资助	经济
T08	要积极鼓励社会资金投入学习型城市建设。多渠道筹措经费，逐步形成政府、企业和个人的投入机制，尤其是企业要对在职人员的培训加大投入力度，承担在职人员的培训费用。		
I04	企业要适当将企业收益用于职工培训，企业也要积极争取政府配套资金，拓宽资金来源渠道，多方筹措资金开展企业员工培训，尤其是要充分借助财政、金融、税收等政策上关于职工培训的优惠措施。		
R02	高校经常与企业展开合作，在这一过程中企业会给予高校多方面资源支持。		
A14	市民的教育支出，注重现实需要，它本质上是一种消费性文化，具有实用性和功利性特征。市民个人的教育培训支出便带有明显的功利性特征，当然也不排除个人喜好和生活消遣的需要。	个人支出	
L07	政府要鼓励家庭与个人适当增加教育和培训投入，例如在年终个人所得税办理中将教育培训支出纳入专项扣除的范畴。逐步建立多元化的教育培训投入机制。		
C06	失业率的提升对企业职工提出更高要求，企业也愈发重视对员工开展继续教育以提升竞争力。	企业培训需求	
A07	发展职业培训，建立和完善职业教育和培训体系，全面提高从业人员的职业技能是企业对高校参与学习型城市建设的期望。		
F09	加强与企业的合作，建立产学研合作基地，推进产教融合实训基地建设，切实提高人才培养的契合度，使人才培养同经济社会发展相适应。		
A08	最近几年企业培训工作越来越热，市场需求很大，各式各类培训机构层出不穷，高校也在这种良好的市场环境下更加深度参与到该行业中。		

续表

编码	访谈原始代表语句	概念化	范畴化
A13	现在考研、考公特别热门,高校本身的资源可以提供给这一群体。	个人教育需求	经济
P16	积极筹建新型职业农民终身学习"讲师团",具体指导新型职业农民开展学习与培训。		
R03	高校要依托自身学科优势,聚焦城市经济建设新机遇与新挑战,提高对社会发展动态的辨识力,创新驱动各行业企业从业人员的终身学习需求,彰显出高校作为高端人才培育与激励的"高地"作用。		
M05	建设学习型城市能促进人的全面发展,前提是要能够满足市民的教育需求,才有可能使人的综合素质得到全面提升,从而推进城市经济社会的协调发展。		
K09	现在想提升学历的人越来越多,高校也需要承担更多责任。		
J02	高校持续深耕于社区教育、老年教育、继续教育等终身教育领域研究,其研究成果直接滋养了上海学习型城市沃土,而面向其他众多行业企业发展的科研成果,为终身学习网络中从业人员的专业能力提升提供了课程资源与学习渠道。	科技成果转化需求	社会
B15	高校科研创新需要最终转化落地才能产生效益,才能真正推动社会的创新和进步。企业作为生产单位要与高校加强合作,借助高校的科研实现企业的创新,积极邀请高校科研人员到企业进行技术指导,加强科研成果转化工作。		
N10	近年来,国家从顶层设计、国家战略、具体实施等方面对老年教育进行指导规划,发布了多项老年教育行业相关政策,现如今,老年教育已经成为终身教育体系中不可或缺的一部分。		

续表

编码	访谈原始代表语句	概念化	范畴化
I03	不同主体之间教育资源差距明显，这种资源上的差异推动高校扩展自己教育服务范围。	马太效应	社会
R09	市场需求提升与教育资源不对等促进了高校参与到终身学习事业中，在这一过程中推动了高校参与学习型城市进程。		
N06	高校的很多设施和人力资源并没有充分得到利用，导致了资源浪费，阻碍了高校提供教育服务等能力，随着大学校园的进一步开放，这一情况也有所好转，高校也更深层次地参与到终身学习事业中。	教育资源开放率	
B11	高校的学习资源丰富，但是高校以外的人好像用得较少，应该多开放，让更多人来到高校的学习氛围中进行自主学习，学习型城市建设本身就需要更多的人参与。		
H15	校内教育资源共享率的提升也是推动高校参与的动力，然而当前环境下高校开放程度水平仍然偏低，阻碍了高校参与学习型城市建设。		
C08	居民可支配收入逐年递增，也使得更多人选择将更多支出投入到教育服务，提升自己或者亲属的受教育水平，给高校提供广阔的市场。	消费能力	
F07	我们应当树立"学习消费就是储蓄""学习投入高回报"的观念，在学习经费的投入上形成财政预算、单位补助、社会资助和个人支出相结合的机制，为学习提供必需的保障，加速学习型社会、学习型城市的建设。		
K18	只有真正认同，市民才有可能去消费，进而去分享，这才是学习型城市具有生命力的根本。		
I05	第三产业的发展形势良好，也推动高校提供更多教育服务，从而实现自身更好的发展。		

续表

编码	访谈原始代表语句	概念化	范畴化
V10	终身教育的概念在近年来不断被强调,有越来越多的人参与到终身教育中,这为高校提供了良好的市场前景。	终身教育关注度	社会
O09	把学习和创新作为城市发展的重要理念和市民的普遍行为,以社会主义核心价值体系引领社会思潮,树立文明意识、学习意识、创新意识。		
V07	整个社会终身教育的浓厚氛围促使更多人进行继续教育,刺激着高校成教事业的发展。		
P04	现在教学模式非常丰富,人们过去只能在线下或者通过纸质书籍学习,现在可以选择线上教学、数字化教学。	新技术参与率	技术
V01	除了传统的课堂教学,在课堂之外可以通过互联网教学进行辅助。		
S10	线上与线下相结合的新主流教学模式极大拓宽了教学模式。		
C14	学校应该充分发挥现代信息网络的作用,开发网络学习资源,积极发展各类数字化远程教育。		
B06	线上教学模式降低了教学成本,新技术十分匹配社会所需求的教学模式。		
S07	充分利用网络技术、大数据手段、通信技术打造覆盖城乡、面向市民能够提供时时、处处和人人可学的终身学习网络和服务平台。	平台功能完善	
H02	未来的上海卓越学习型城市建设将更为关注每个人一生中不同阶段的个性化学习需求,更为关注线上线下衔接融通的灵活化学习形式,更为关注打造智能全媒体资源的数字化学习平台。		
N05	线上教学平台功能全面,可以从签到到课后辅导全方位覆盖。		
I09	在几年的大力发展之后,慕课等线上教育平台可以很好地让双方实现共赢。		

续表

编码	访谈原始代表语句	概念化	范畴化
B12	网络教学平台运行效率很高，人们打开手机就可以进行教学，并且可以及时进行互动。	网络教育资源数量	技术
J13	高校要有新使命，以人才培养为根本，以创建卓越学习型城市为己任，加速推进"以学为中心"的教学方式新变革，加速顺应"互联网+"的信息技术学习新样态，加速打造服务不同学习群体的高水平在线课程。		
I15	打破"资源孤岛"现象，构建教育资源公共服务体系，实现网络资源系统的互联互通，努力扩大优质资源覆盖面，使每位市民都能够享受到教育资源的融合开放带来的便利。		
F16	网络覆盖率高，速度快，很好地保障了高校教育培训工作的开展。	移动学习普及率	
P10	以人工智能、大数据、移动互联网等新技术应用为支撑，探索"互联网+学习型城市"。		
V12	"5G智慧教育专网"确实能极大地提高校园网络覆盖面，建设数字化校园、数字化教育平台，甚至建设数字化的教育城市都是可以实现的。		
H14	现在只需要手机就可以展开课程教学，这也使得更多人愿意在工作之余进行进一步教育提升，这些潜在市场引导高校更多参与终身学习事业。		
O15	移动设备普及的同时也使教学方式发生改变，受教育者不需要花费时间到专门场所进行学习，甚至在家就可以进行学习，这也刺激着继续教育事业的发展。		

续表

编码	访谈原始代表语句	概念化	范畴化
P03	人工智能等新技术的出现带来了许多新岗位，原有岗位受到技术冲击发生改变，这也对企业提出更多培训要求。	新技术岗位	技术
C11	现有工作者为了掌握新技术需要进行不断学习。		
F03	知识经济时代，科技创新层出不穷，大学生经常面临毕业就失业的窘境，很多高科技企业的老员工也会面临技术创新所带来的冲击。知识创新、技术创新等要求不断学习新知识、新技术，鼓励时时、处处、人人学习，不进则退。		
I06	当前环境下的企业不断对在职员工进行培训，以适应新技术带来的冲击，确保企业成员有足够能力运用新技术。		
V04	一些传统岗位逐渐数字化，在岗人员所需技能也发生具体改变，需要及时更新这部分人的技能以提升工作效率。		
K12	搭建以电视、互联网和手机为载体、多网合一的数字化学习系统平台，打造覆盖全市的终身教育数字化学习系统平台。高校应该充分发挥资源、技术和人才优势，为市民终身学习提供服务，通过打造线上教学中心、资源中心和服务中心，为构建终身教育体系和学习型城市建设提供有力支撑。	线上教学普及率	物理
M03	线上线下相结合的教学模式是未来高校教育的发展方向。		
L17	线上教学逐渐普及，也拓宽了高校教学范围。		

续表

编码	访谈原始代表语句	概念化	范畴化
M06	新媒体设备的升级帮助高校更好地使用线上教学模式。	配套设施数量	物理
M08	市面上软件与硬件设施更新，这使得高校有更好的设备去进行更加广泛的教学工作，对参与终身学习建设有积极影响。		
V02	学校现在逐渐完善了对外教学培训场地，增加了自身教学容量。		
F15	我们学校在近年来不断开设新场所，专门用来应对来自社会的培训。		
P13	部分市区已经成立学习型城市建设工作领导小组，相应地，各高校也应该同步设置专门机构负责学习型城市建设，专门负责组织协调学习型城市建设工作。加强各部门统筹协调，形成全民参与的学习型城市建设良好局面。充分发挥发展规划处、财务处、工会、共青团、科技处、校友办等机构和组织的作用。	专门机构数量	
K05	我们学校有专门负责学习型城市建设的机构。		
F03	学校在面临重大改革时，往往会设立专门的机构和组织来应对机遇和挑战，建设学习型城市是国家的一项重大政治任务，学校有必要设置一定的机构来推动这项工作。		
L14	学校的发展人才是最重要的，懂行的人来参与肯定比外行人做得好。	专职人员数量	
B05	高校需要建设一支专业人才队伍，并且需要实力较强、结构合理、善于创新的专家队伍。一是为学习型城市建设培养大量的专业人才。二是到学习型城市建设的一线开展实地工作。三是对各类学习型组织创建进行理念引导、观念更新及工作指导。		
D04	高校需要一批理论水平较高和实践经验丰富的专职人员队伍，负责推动学习型城市建设工作。		
A01	学习型城市建设的制度创新还得专职人员推动，具体的管理工作也需要专职人员执行，目前这方面的专职人数还相对较少。		

续表

编码	访谈原始代表语句	概念化	范畴化
D14	党政领导和相关部门的领导应加强对学习型城市建设工作的领导，明确职责，做到工作抓落实，事事有回音。	领导重视程度	心理
J05	只有更加重视和善于学习，不断推进学习型城市建设，才能不断提高领导水平和工作能力，更好地把握发展规律，创新发展理念，破解发展难题，实现高质量发展的目标。	领导重视程度	心理
C10	学校领导高度重视全民终身学习工作，以建设学习型城市为目标，全民终身学习已成为亮丽的学校名片。	领导重视程度	心理
A16	是个人学习，是团体学习，也是全体教职工都要参与学习。这种学习，是与组织成员的工作和生活紧密相结合的学习。由于学习型组织有"共同愿景"，以成员个体学习为基础，强调团体学习，所以，学习型组织越多，参与的人数越多，学习型城市就越充满活力。	教职工参与率	心理
C04	切实畅通职工提升学历和技术技能的成长通道，切实提高教职工的参与率，满足每一位职工追求美好生活的多元需求，提升城市创新活力和发展品质。	教职工参与率	心理
R11	学校积极营造学习氛围，创造学习条件，充分激发中层干部、全体党员、一线教师和行政、总务、教导处职工的参与积极性，引导教职工集体学、个人学、走出去学、请进来学，不断实现自我超越。	教职工参与率	心理
A15	学校章程是学校意志与思想的体现，高校对学生的要求要通过规章制度明确下来，终身学习在学校章程中也被提及，这可以引起高校成员的重视。	高校章程	文化
B12	我们学校一般会通过讲座的形式进行宣传，并通过制定文件来规范师生的行为或者习惯。	高校章程	文化
D13	高校的发展方式往往依赖于学校的章程，这是高校的主旨。	高校章程	文化

续表

编码	访谈原始代表语句	概念化	范畴化
F10	激发学生和教师的热情才是关键，如何激发、激发到什么程度是需要慎重考虑的，需要合理通过高校内部的激励制度推动高校参与学习型城市建设。	高校激励制度	文化
O14	高校要制定相应的激励机制鼓励支持职工参加各种培训和学习，这也是建设学习型城市的内容，同时要建立和完善相应的培训、考核制度，确保参与的有效性。		
P15	高校要对创建学习型城市、学习型组织活动的典型进行表彰激励，最好能够形成固定的制度，这样会带动更多的人参与到学习型城市建设中。		
O02	学校对参与学习型城市建设的教职工需要出台单独的激励措施，有效提高教职工参与的积极性，可适当考虑在加班费、劳酬等方面进行激励。		
L11	最重要的是要有一个统一的标准，要秉承公平公正的原则，标准的制定不是一朝一夕能解决的。		
D06	长期来说，学校一般会制定发展规划来指引未来一段时间内该做什么，终身学习事业也逐渐加深其在高校发展规划中的地位。	高校发展规划	
D10	专门的发展规划对高校参与学习型城市建设有导向作用，会自上而下引导学校参与其中。		

续表

编码	访谈原始代表语句	概念化	范畴化
L06	终身学习型文化已经成为高校文化的重要组成部分。	高校终身学习文化	文化
B18	校园文化的营造对高校工作效果产生巨大影响，良好的校园文化对高校全体利益相关者产生积极影响，终身学习本身与学习型城市理念保持高度一致性，可以从精神上对高校利益相关者予以激励。		
H11	高校要营造全员学习的浓厚气氛，全体教职工都要树立终身学习的观念，努力形成自觉学习、主动学习、善于学习的学风，努力推进职能机关转变职能，各个教学单位也要打造终身学习的文化、环境，为学习型城市建设增砖添瓦。		
J07	高校要借鉴国际终身教育的前瞻视野，立足中国终身学习思想文化，为建立中国特色的终身教育理论体系与话语体系提供支撑，为健全终身教育政策法规的制定与颁布提供决策咨询，开拓出高校作为参与城市发展与治理的"智库"作用。		
S01	高校是学习文化的聚集地，将高校的学习文化逐渐传播、渗透到社会中，实现学习文化对大众文化的影响。		

二、主轴编码

主轴编码（Axial coding）也被称为轴心编码、二级编码，主要借助演绎与归纳的方法，具体的操作是将类属和亚属关联起来。形成主轴范畴的过程是各概念之间的关系的发展和验证，也是由开放编码中得到的各个概念联结在一起的过程。围绕各个"轴心"对初始概念进行深度分析是主轴编码的主要目的,以各自的"轴心"为中心对初始概念进行深入剖析,围绕横切形成的各种情景和子范畴探寻初始概念之间的关系,高概括性的"主轴"范畴便在这个过程中最终形成。以符合被访者访谈过程中的真实表达、所描述的实际情形和符合语境的情景为原则,确立概念和范畴之间的关联性。通过聚类分析开放编码中杂乱无章的范畴,建立范畴之间的联系,如表3-4示。

表 3-4 主轴编码过程

影响因素	范畴化
政治因素 经济因素 社会因素 技术因素	外部因素
物理因素 心理因素 文化因素	内部因素

本研究最终梳理得出内部和外部因素2个主范畴。外部因素包含政治、经济、社会和技术等因素,是高校能否有效参与学习型城市建设的重要前提和支撑;内部因素包含物理、心理和文化因素,是高校参与学习型城市建设的直接动力来源。

三、选择编码

选择编码目标是选择核心范畴,整合与凝练是这一阶段的主要工作,也是扎根理论数据分析的最后阶段,主要通过核心范畴将其系统地与其他范畴联系起来，补充完整并概念化尚未发展完备的范畴，基于上述步骤构建理论。抽象化核心范畴这一概念的主要特征，它一开始并不存在于研究里面，是在研究的深入过程中逐渐呈现出来的。总结所有深度访谈资料可以将本研究的核心、问题范畴化为"高校参与学习型城市建设动力影响因素模型"。本研究认为，高校参与学习型城市建设影响因素模型包含外部因素和内部因素2个主范畴。根据现有研究结论，最后形成了高校参与学习型城市建设的动力影响因素理论模型，详见图3-5。

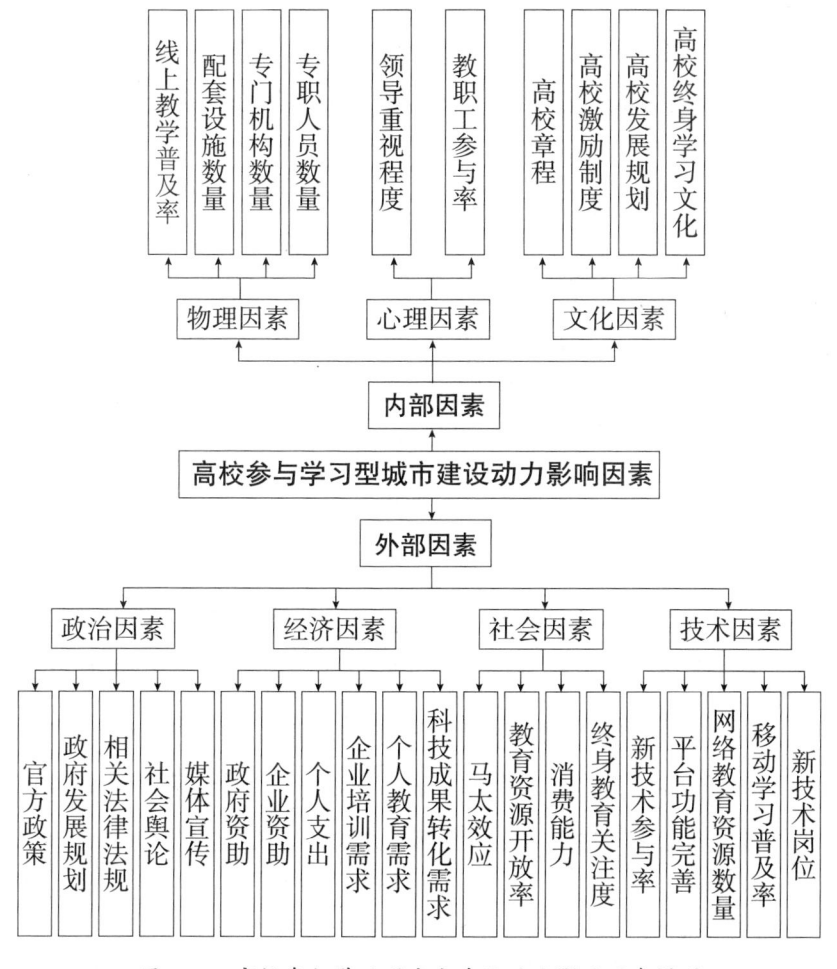

图 3-5　高校参与学习型城市建设动力影响因素模型

四、理论饱和度检验

理论是否完善和是否需要进行再取样的鉴定方法是进行理论饱和度检验。在理论饱和度检验中，按照扎根理论三级编码的方式将本研究随机抽取的 23 份访谈资料中剩余的 4 份样本[1]进行严格的分析，没有发现存在新的范畴和关系，分析得到的结果仍然符合模型中的脉络和关系。如果发现有新的资料和概念出现，存在未被理论模型涵盖的属性、关系或维度，模型中的"类属"和"主类属"不饱和，则需要重新审视数据采集的过程，进一步采集数据，重新进行三级编码，重新进行前述研究的一系列过程。根据理论饱和度检验的结果，本研究所建立的理论模型是饱和的。

〔本章小结〕

本章首先对高校参与学习型城市建设的先进案例——"上海经验"进行了解读，准确把握高校参与学习型城市建设的现状，获取了上海高校参与学习型城市建设的有益经验和不足。依据组织环境理论对高校参与学习型城市建设的动力影响因素展开分析，从外部（政治、经济、社会和技术）和内部（物理、心理和文化）构建了高校参与学习型城市建设的动力影响因素分析框架，基于此框架进行研究设计，运用扎根理论的研究方法，经过开放编码、主轴编码、选择编码和理论饱和度检验提取出了高校参与学习型城市建设动力影响因素。本研究最终抽象出官方政策、政府发展规划和相关法律法规等 30 个概念，政治、经济、社会、技术、物理、心理和文化 7 个范畴和内部、外部 2 个主范畴，提炼出了高校参与学习型城市建设动力影响因素并构建了模型。

---

[1] 剩余的 4 份样本编号为：E、G、U、W。

第四章

高校参与学习型城市建设的系统动力学模型

高校本身可以被视为一个复杂系统。根据前文的研究，影响其参与学习型城市建设的动力因素大致可以分为外部因素与内部因素。不论是内部因素还是外部因素，均受到诸多复杂因素影响，任何因素发生改变都会对高校本身的日常运作产生不同程度的影响。对于高校在学习型城市建设过程中所受到的动力因素影响，如果只是考虑单一因素对其动力造成的作用会过于片面，于是适合处理复杂系统并且涉及众多变量的系统动力学模型更加符合高校参与学习型城市建设动力这一对象研究。因此，本章选用系统动力学来构建模型，通过模拟仿真对高校参与学习型城市建设动力进行研究，以此来验证各个动力有关因素在整个参与过程中如何起到各自作用，哪些因素起到关键性作用，为之后提出有针对性的对策提供理论依据。

第一节　高校参与学习型城市建设动力模型的系统分析

──── ◎ ────

在子系统的构建过程中，本研究结合组织环境理论，根据系统动力学在管理学、教育学的不断深入研究，在前文高校参与学习型城市建设动力影响因素的基础上，充分考虑各影响因素的相互关系与边界，形成了高校参与学习型城市建设的系统动力学模型。

一、外部影响子系统分析

在前文论述中，外部影响因素包含政治、经济、社会和技术，下面将依次构建相应的系统分别展开论述。

（一）政治环境系统分析

1.因果关系分析

基于前文分析，影响高校参与学习型城市建设动力的政治环境可以划分为政策激励与政治话语诉求两个方面。

政府所颁布的官方政策是高校参与学习型城市建设的重要动力来源，官方政策可以对高校参与起到积极激励作用，同时官方文件可以对高校参与过程给予规范，保障高校参与学习型城市建设过程中所涉及的基本利益，从而保障高校自身权益；政府发展规划是我国在未来一段时间内大致的发展方向，当前环境下终身学习已经成为国家重要的发展规划内容，这一终身学习建设发展规划方向带动高校终身学习资源整合，指引高校未来教育服务事业发展方向，使高校将更多资源放到成人教育或者继续教育等事业上，推动高校参与学习型城市建设；相关法律法规规范了高校在参与学习型城市建设中的具体规范，保障了高校参与学习型城市建设过程中所牵扯到的权益，法律法规也可以作为引导高校参与学习型城市建设的官方文件，减少高校这一主体因为自身的不安情绪而对参与学习型城市建设的抵触情绪，使得高校更容易从心理上接受参与学习型城市建设这一时代任务。官方政策、国家发展规划和相关法律法规都属于政策范畴，对高校参与学习型城市建设起到激励作用，以上三者都对政策激励具有正向影响，最终提升高校参与学习型城市建设的政治影响水平。

社会舆论导向在很大程度上代表了官方政治话语诉求，整个社会的舆论导向也可以提升政治话语诉求影响力，良好的终身学习社会舆论导向对高校参与终身学习有关事业起到激励作用，对整个高校利益相关者关于终身学习的态度也具有持续性影响，有助于为高校做好参与学习型城市建设工作奠定思想准备，减少后续参与学习型城市建设的阻力，扩大有关终身学习和学习型城市建设的正面宣传，有助于减少高校对参与学习型城市建设的负面情绪，也可以通过各类媒体平台唤起高校相关成员参与学习型城市建设的热情。

2.政治环境系统流图

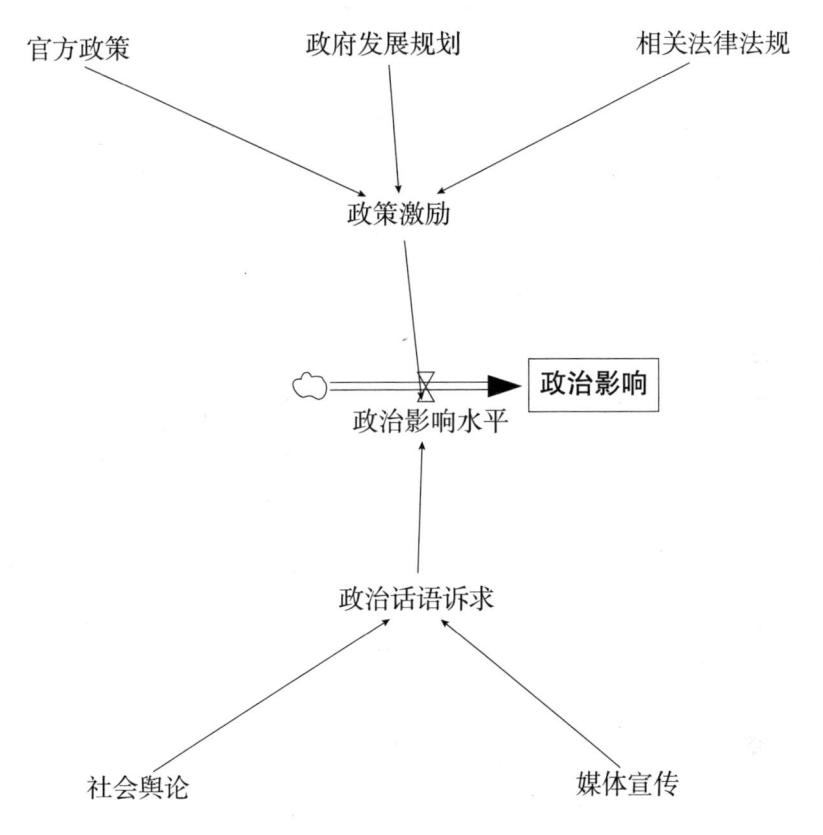

图 4-1　高校参与学习型城市建设政治环境子系统流图

（二）经济环境系统分析

基于前文分析，提升高校参与学习型城市建设动力的经济环境可以划分为市场需求激增与经济发展形势良好两个方面。

1.因果关系分析

国内经济情况发展良好可以使政府预算增多，政府可以将更多预算投入到终身学习事业上，有助于吸引高校参与学习型城市建设。同时随着经济水平的提升，我国的人均可支配收入逐年增加，大规模企业也在不断增多。为了应对不断提升的工作岗位需求，企业需要加大投入资本为员工进行技能更新培训，从而使市场教育培训潜在需求增加，高校在参与学习型城市建设的过程中，需要加大与企业之间的交流，为其提供教育培训服务，这种潜在市场利益成为高校参与学习型建设的重要动力。除企业层面的相关需求外，居民在可支配收入增多的同时，为了实现自己未来更好的发展，也愿意投入更多资源到自身或者亲属的教育中，以此来提升自己或者亲属的竞争力。基于企业层面与居民个人层面的教育服务相关需求的增加，导致了整个市场需求激增，也提升了整个经济发展水平，加大了经济发展水平对于高校参与学习型城市建设这一事业的积极影响，对高校参与学习型城市建设动力起到积极激励作用。

  整个社会层面的经济发展良好也会直接促使高校拥有更多资源参与学习型城市建设事业。一方面，政府有关部门会有更多资源加大终身教育事业的投入，高校可以从政府那里获得更多资源参与学习型城市建设，开展更多终身学习相关活动。另一方面，中大规模企业发展形势良好，数量也在不断增多，其自身强大实力也使其拥有更多资源投入到职工的教育服务事业中，这些培训需求与投入到高校的培训资源，也推动了高校自发参加学习型城市建设的意愿。政府和企业两个层面的资助，提升了高校参与学习型城市建设的经济环境质量，能大力推动高校参与学习型城市建设。同时，不断变化的市场环境对高校科技成果转化提出更高要求，在一定程度上刺激着高校成员面向市场需求提供相应的科研服务，从而刺激新技术新专利的产出，提高高校成员参与学习型城市建设的意愿。

2.经济环境系统流图

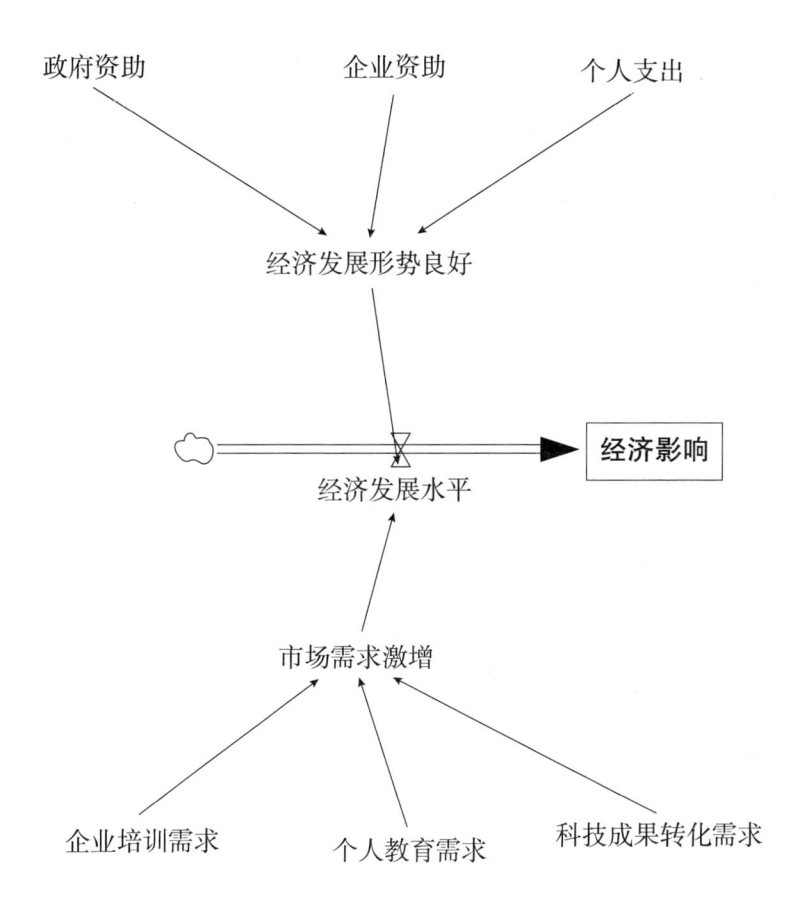

图 4-2 高校参与学习型城市建设经济环境子系统流图

（三）社会环境系统分析

基于前文分析，影响对高校参与学习型城市建设动力的社会环境可以划分为教育资源不对等与矛盾发生改变两个方面。

1.因果关系分析

马太效应在经济学上被形容为"强者越强，弱者越弱"，高校作为教育资源的集中掌握者,与被教育者这一群体之间存在教育资源差距,这一差距伴随着时间发展而加大。高校会随时间发展积累更多资源,教育服务双方资源的不对等程度将进一步加剧,这最终成为推动高校参与学习型城市建设的动力来源。在当前环境下,高校握有丰富的教育资源,但是高校本身对外开放程度有限,这造成教育资源的浪费,阻碍了高校参与学习型城市建设进程,加剧了教育资源不对等情况,同时近年来我国终身学习事业大力发展,高校在更多情况下担负起成人教育的重担,高校教育资源对外开放程度提高,提升了高校参与学习型城市建设水平。综上,马太效应和教育资源浪费加剧了社会教育资源不对等情况,对高校参与学习型城市建设产生社会影响。

随着社会经济环境的不断变迁,当前我国的主要矛盾也随之发生改变,在当前阶段已经转化为"人民日益增长的美好生活需要和不平衡不充分的发展之间的矛盾"。在这一时代背景下,我国公民的可支配收入增加,购买力提升,有更多资本投入自身或者亲属的继续教育中,这吸引高校参与到终身学习事业中。同时有更多可支配收入投入到教育领域也导致我国终身教育事业受关注度提升,这意味着消费能力增加和终身教育受关注度提升这两个因素适应了我国当前社会主要矛盾,作为社会环境的重要组成部分,成为促进高校参与学习型城市建设的动力。

2. 社会环境系统流图

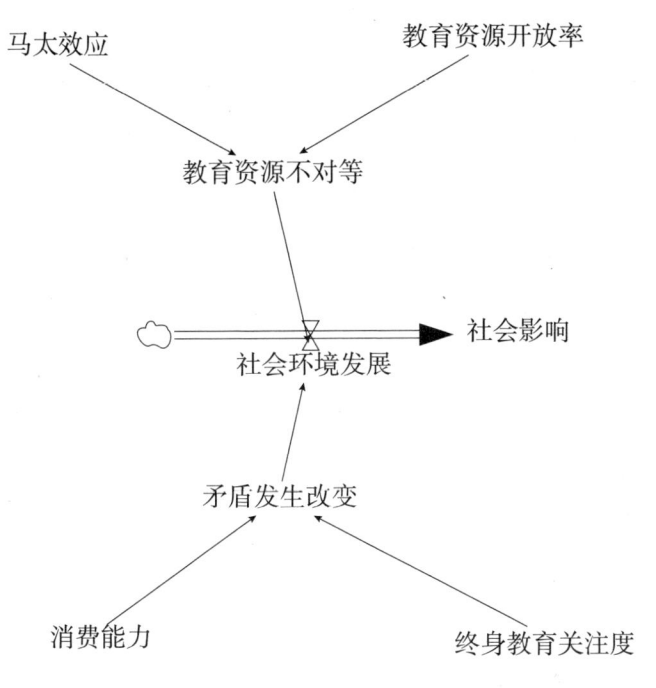

图 4-3 高校参与学习型城市建设社会环境子系统流图

（四）技术环境系统分析

基于前文分析，增强高校参与学习型城市建设动力的技术环境可以划分为新技术骤增和新技术带来新需求两个方面。

1. 因果关系分析

互联网技术的出现和不断发展开拓出线上线下相结合教学这种新颖模式，使得诸如线上会议 App 等软件进入教育行业，这些新技术新应用在高校的应用拓宽了教育渠道。线上平台经过多年的发展功能不断完善，运用理念成熟，高校可以通过较低成本购买平台服务开展线上教育。当前网络资源丰富，居民用较低的花费就可以获得高效网络视频通信服务，在路由器和交换机等硬件设施不断更新的当下，通过通信形式进行教学保持着低延时和稳定特点，使得线上教育保持高效性，双方可以高效进行互动，不会出现过去因为数据传输效率低而导致教学中断等不良情况出现，刺激着市场上出现更多与教育相关的技术和产品，减少了高校参与终身教育事业进行远程教育的负面情绪。综上，新技术参与率、平台功能完善和网络教育资源数量这三个方面的因素，提升了高校教育领域新技术的使用频率，最终通过新技术骤增这一因素提升了技术环境对高校参与学习型城市建设事业的作用。

  移动设备使用率提升，网络设施进一步完善，使得城市居民使用移动设备的普及率大大提升，每日使用时间也逐渐增加，有更多居民愿意在工作生活之余使用移动设备进行随时随地的学习，这增加了教育的市场需求。面对大数据、人工智能和区块链等新技术带来的冲击，传统岗位融入了新技术并发生改变，在岗人员所需要的技术要求也不相同，所属组织需要及时对这些在岗人员进行教育培训，使之掌握新技术，有足够的素质适应新技术。同时新技术也带动了新岗位出现，新岗位通常存在刚性需求，这时市场新技术人才较为缺乏，因此在社会上会出现大量培训需求，这些都是由新技术出现而诞生的市场新需求，对高校教育培训事业有足够吸引力，刺激高校参与学习型城市建设，并产生强大的参与动力。

2.技术环境系统流图

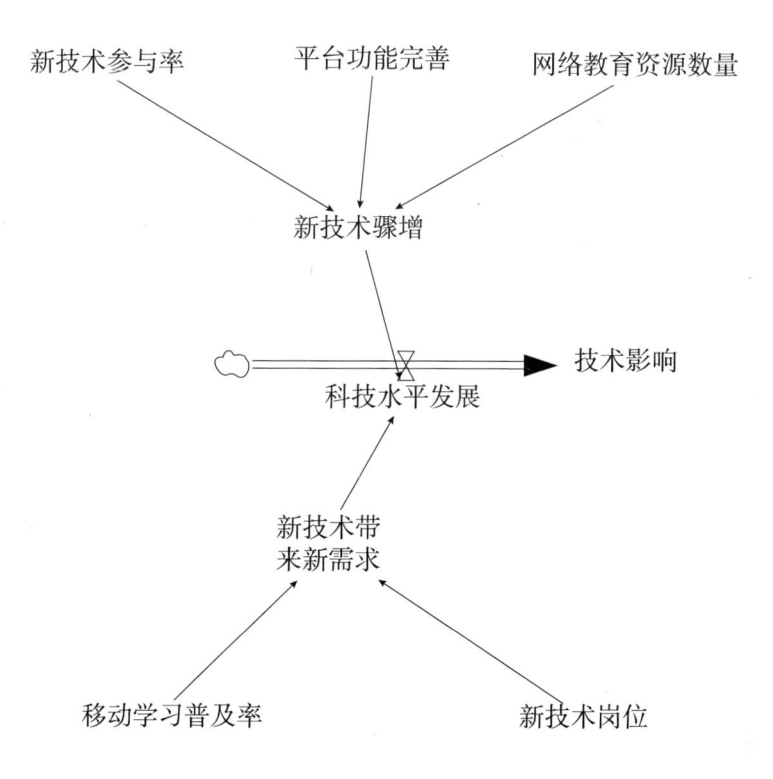

图4-4　高校参与学习型城市建设技术环境子系统流图

（五）外部环境子系统结构功能图和因果关系图

高校外部环境包括政治、经济、社会和技术四个方面。这四种环境共同决定了高校外部环境发展情况，决定了高校参与学习型城市建设所受到的外部动力因素影响。同时，属于这四种环境的影响因素彼此之间也存在一定的相互作用，例如：教育资源的不对等本身还会对企业和个人培训需求产生影响，促成市场需求的提升。最后高校参与学习型城市建设的外部环境影响反馈到经济动力因素，从而促成良性循环。

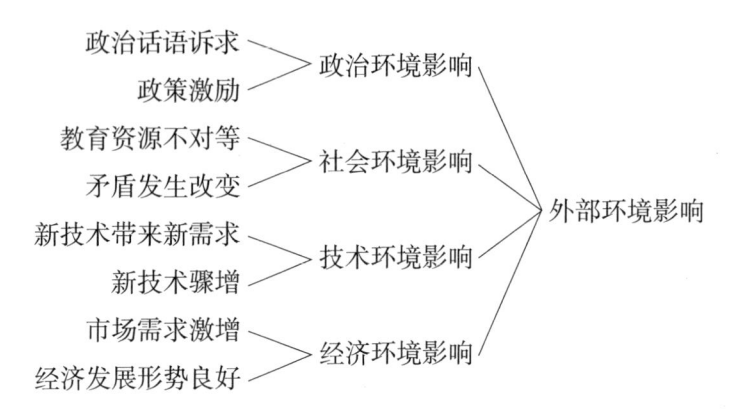

图 4-5 高校参与学习型城市建设外部环境子系统结构功能图

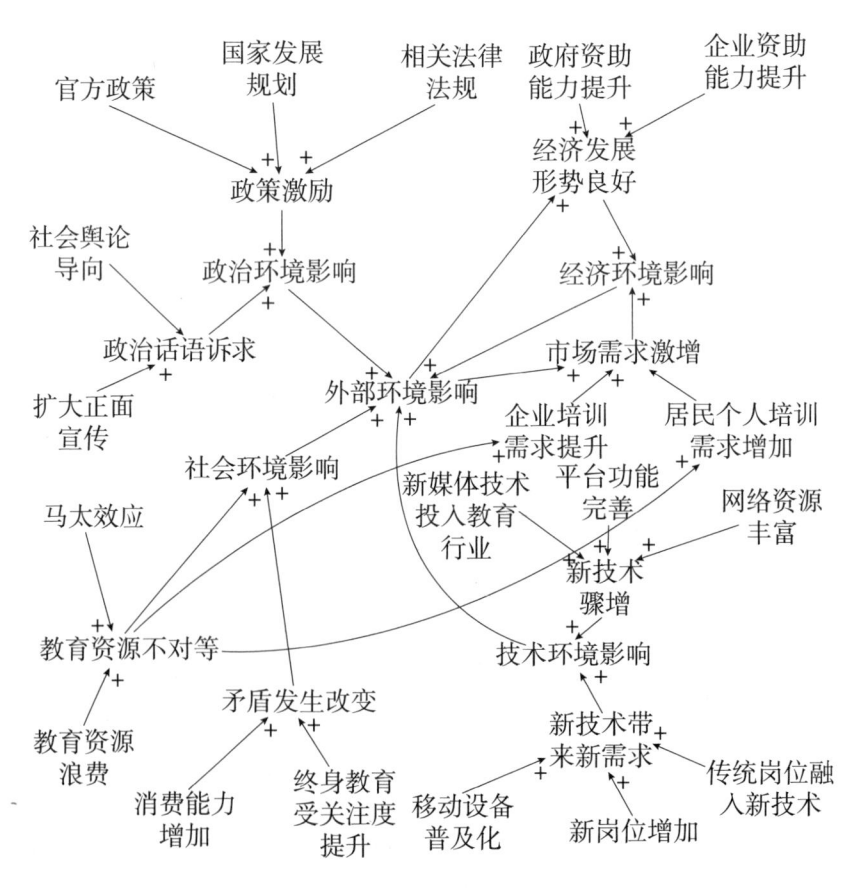

图 4-6 高校参与学习型城市建设外部环境子系统因果关系图

（六）外部环境子系统存量流量图

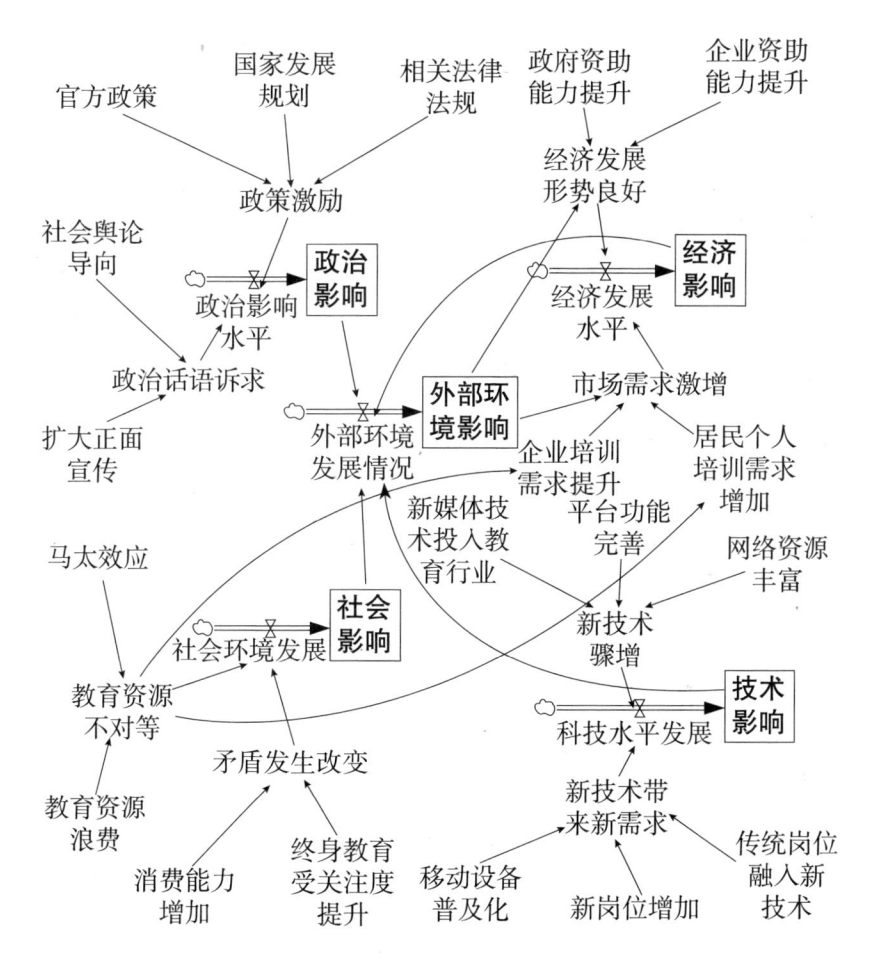

图 4-7　高校参与学习型城市建设外部环境子系统存量流量图

（七）外部环境子系统变量说明

系统动力学模型中共存在四种变量，分别为：水平变量、流速变量、辅助变量、常量。

水平变量（Level Variable）是指在一定时间内在流速变量的影响下

累计达到的水平，又称为存量、状态变量。水平变量是作用于流速变量积分的量，因此具有一定的物理性质。水平变量是在物质交换流、信息流变动状态下对系统变化的描述。在子系统中，水平变量L1为基础保障。

流速变量（Rate Variable）是作用于存量的微分性质的量，是水平变量的变化率，包括流出变量与流入变量。

辅助变量（Auxiliary Variable）起到装饰流速变量的作用，是连接流速变量与常量的中间变量。辅助变量有时候用于量纲的转化，不同的变量之间的量纲可以通过辅助变量得到统一。在子系统中作者加入辅助变量使得子系统结构更完整以及符合逻辑。

常量（Constant）是指系统中不受到其他变量变化而变化的量。其在系统中往往是局部的标准值。

本研究中高校参与学习型城市建设外部环境子系统的主要变量具体说明情况如下表所示：

表4-1　外部环境子系统主要变量说明

变量名称	变量代码	变量说明
外部环境影响	L1	高校参与学习型城市建设所受的外部环境影响
政治影响	L2	高校参与学习型城市建设所受的外部政治环境影响
经济影响	L3	高校参与学习型城市建设所受的外部经济环境影响
社会影响	L4	高校参与学习型城市建设所受的外部社会环境影响
技术影响	L5	高校参与学习型城市建设所受的外部技术环境影响

续表

变量名称	变量代码	变量说明
外部环境发展情况	R1	单位时间内高校参与学习型城市建设受到外部环境发展影响的增加程度或衰减程度
政治影响水平	R2	单位时间内高校参与学习型城市建设受到外部政治环境发展影响的增加程度或衰减程度
经济发展水平	R3	单位时间内高校参与学习型城市建设受到外部经济环境发展影响的增加程度或衰减程度
社会环境发展水平	R4	单位时间内高校参与学习型城市建设受到外部社会环境发展影响的增加程度或衰减程度
技术发展水平	R5	单位时间内高校参与学习型城市建设受到外部技术环境发展影响的增加程度或衰减程度
政策激励	A1	单位时间内政策激励制的得分
政治话语诉求	A2	单位时间内政治话语诉求强度的得分
经济发展形势良好	A3	单位时间内经济发展形势的得分
市场需求激增	A4	单位时间内市场需求激增情况的得分
教育资源不对等	A5	单位时间内教育资源不对等情况的得分
矛盾发生改变	A6	单位时间内矛盾发生改变情况的得分
新技术骤增	A7	单位时间内新技术骤增的得分
新技术带来新需求	A8	单位时间内新技术带来新需求增加情况的得分
企业培训需求	A9	单位时间内企业培训需求增加情况的得分
个人教育需求	A10	单位时间内居民个人培训需求增加情况的得分
科技成果转化需求	A11	单位时间内高校科技成果转化需求增加情况的得分
官方政策	C1	国家政策关于贯彻终身教育理念的得分
政府发展规划	C2	政府对高校终身教育建设重视的得分
相关法律法规	C3	国家关于终身教育法律法规的得分
社会舆论	C4	国家关于终身教育社会舆论导向引导的得分
媒体宣传	C5	国家关于扩大终身教育正面宣传情况的得分
政府资助	C6	政府资助高校终身学习事业情况的得分

续表

变量名称	变量代码	变量说明
企业资助	C7	企业资助高校终身学习事业情况的得分
个人支出	C8	个人可支配收入情况的得分
马太效应	C9	教育资源不合理分配情况的得分
教育资源开放率	C10	教育资源浪费情况的得分
消费能力	C11	城市居民消费能力增加的得分
终身教育关注度	C12	城市居民终身教育受关注度的得分
新技术参与率	C13	新媒体投入教育行业程度的得分
平台功能完善	C14	教育行业主流平台功能完备程度的得分
网络教育资源数量	C15	国内网络教育资源充足程度的得分
移动学习普及率	C16	国内居民移动设备学习的普及率
新技术岗位	C17	受到新技术影响岗位情况的得分

二、内部环境子系统分析

基于前文分析，高校参与学习型城市建设的内部环境影响因素包括物理环境、心理环境和文化环境。

（一）物理环境系统

1.因果关系分析

近年来，尤其是在疫情期间，高校线上教学模式取得巨大发展，线上教育的大量需求刺激着高校自身软硬件设施更新，确保自己有足够的软硬件实力去应对市场需求。同时线上线下教学相结合的模式也推动了高校教学配套设施升级，最终促成高校物理环境的改善，这种物理环境的改善使得高校在不知不觉中已经拥有足够的物理条件参与线上教学，减少高校未来参与学习型城市建设软硬件设备投入成本，相当于增加了高校参与学习型城市建设的动力。

随着时代发展，高校愈发重视自己的发展规划，其组织结构也更加科学合理，高校内专门教育培训场所和规划部门细分合理，同时配备足够的专职人员，以便有更多资源可以调用去应对终身学习事业中所要面临的挑战。这一时代发展要求促成了高校专门场所的完善，使高校物理环境改善，加大了物理环境对高校参与学习型城市建设的正向影响。

2. 物理环境系统流图

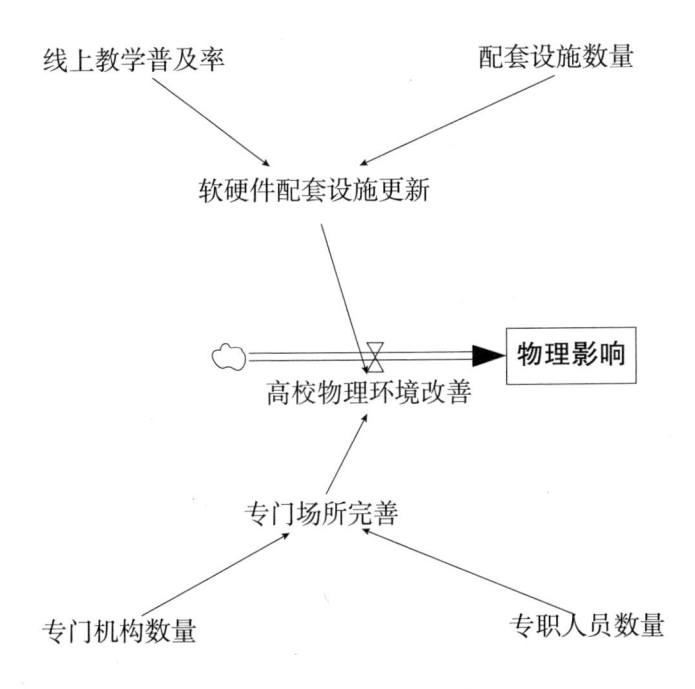

图 4-8　高校参与学习型城市建设物理环境子系统流图

(二)心理环境系统

1. 因果关系分析

当前时代发展使得组织日常运行中所要处理的信息量爆发性增长,受到的影响因素也逐渐增多,因此组织环境发展呈现出扁平化趋势。高校扁平化发展的组织结构让各部门交流增多,不同部门或学院之间的交流变得更加频繁,同时线上会议的普及也使得交流成本降低,帮助高校成员更好地理解高校参与学习型城市建设这一事业,进而提升教职工参与率。在这一参与过程中有助于改善高校隶属不同部门的成员间的交流氛围,提高高校成员参与终身教育事业的热情。另一方面,领导对学习型城市建设的重视程度直接决定了其领导特质,影响高校下属成员的参与意愿。当高校拥有参与学习型城市建设重视程度高的管理层时,高校成员间向心力较强,有助于减少摩擦,改善交流氛围。因此领导重视程度和教职工参与率两个方面促进了高校成员交流氛围的改善,进而影响高校心理环境改善,促进高校参与学习型城市建设。

2. 心理环境系统流图

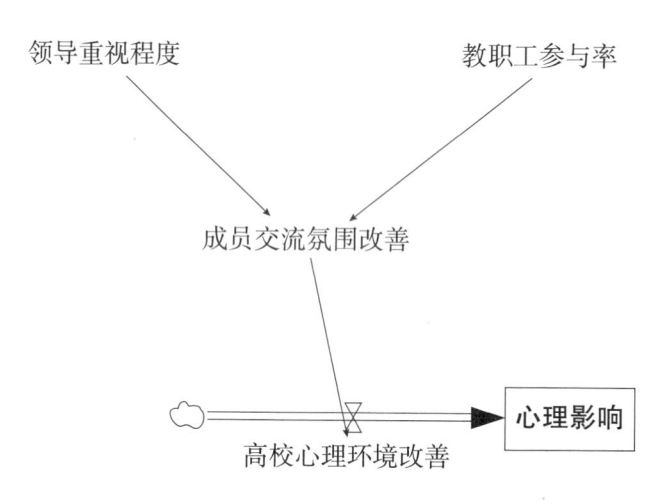

图 4-9 高校参与学习型城市建设心理环境子系统流图

（三）文化环境系统

基于前文分析，影响高校参与学习型城市建设动力的文化环境可以划分为制度文化和精神文化两个方面。

1. 因果关系分析

2014 年教育部等七部门发布了《关于推进学习型城市建设的意见》，强调各地各部门要充分意识到高校对学习型城市建设的重要性和紧迫性，不能仅仅是将学习型城市建设当作一个口号，更需要通过一系列具体措施将学习型城市建设落实于实际，通过将学习型城市建设的任务和目标等对象进行细分，使之逐渐融入各地区未来的发展规划事项之中。高校可以通过建设良好的基础保障体系对自身发展产生长远和正面影响，对于高校参与学习型城市建设也有着积极意义。例如，基础保障是高校参与学习型城市建设活动的前提，高校基础保障体系建设是否完善，关系到高校参与学习型城市建设的后续开展。因此，高校愈发重视自身基础保障体系，并根据时代背景变化对其自身教育理念进行更新，其中便包括学校章程的与时俱进。同样，高校激励制度可以直接激励高校成员参与学习型城市建设。高校管理层也愈发重视终身教育，在高校发展规划中强调了终身教育的重要性，这些措施都可以强化高校成员参与学习型城市建设的意愿。因此，高校章程、高校激励制度和高校发展规划作为高校制度文化，能有效促进高校文化构建水平的提升，加强文化环境对高校参与学习型城市建设产生积极影响。

在学习型社会和学习型城市的影响下，高校不断致力于终身学习文化营造，终身学习文化在高校文化中的氛围也日渐浓厚，这种文化会对高校利益相关者产生潜移默化的影响，使其从心理上接受并参与终身学习事业。因此，高校终身学习文化的不断营造提升了高校文化构建水平，加强了高校文化环境对高校参与学习型城市建设的积极影响。

2. 文化环境系统流图

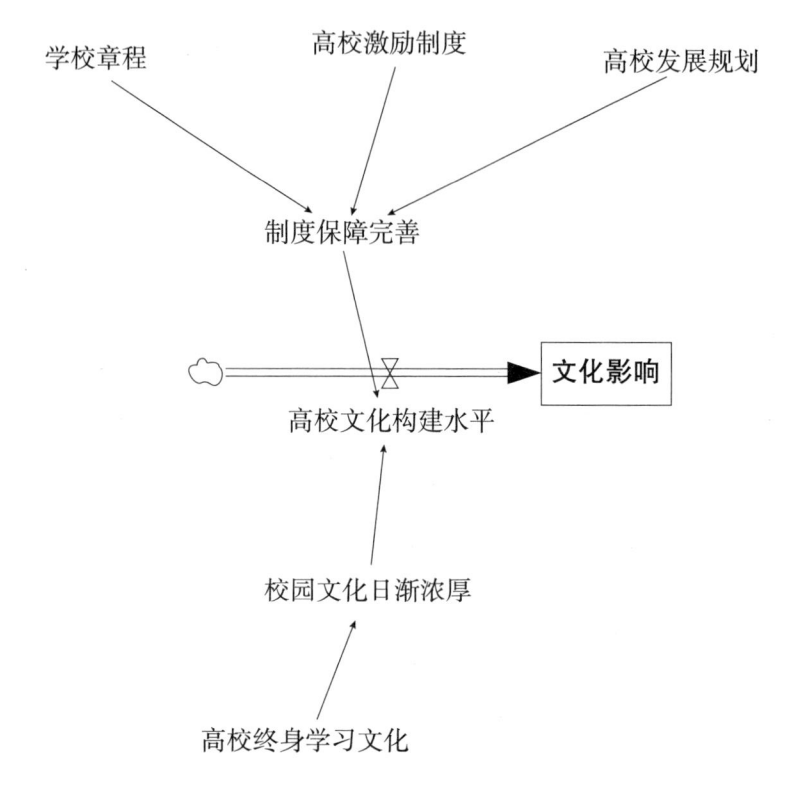

图 4-10 高校参与学习型城市建设文化环境子系统流图

（四）内部环境子系统结构功能图和因果关系图

高校内部环境包括物理、心理和文化三个方面，这三种不同环境共同决定了高校内部环境发展情况，决定了高校参与学习型城市建设所受到的内部动力因素影响。最终内部环境影响反馈到校园终身学习文化营造和成员交流氛围改善，促成良性循环。

第四章 高校参与学习型城市建设的系统动力学模型

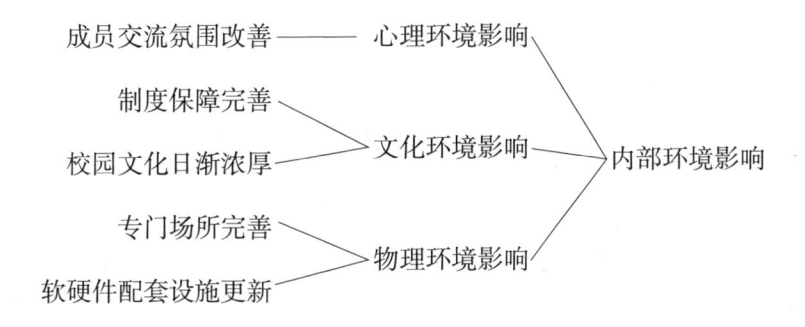

图 4-11 高校参与学习型城市建设内部环境子系统结构功能图

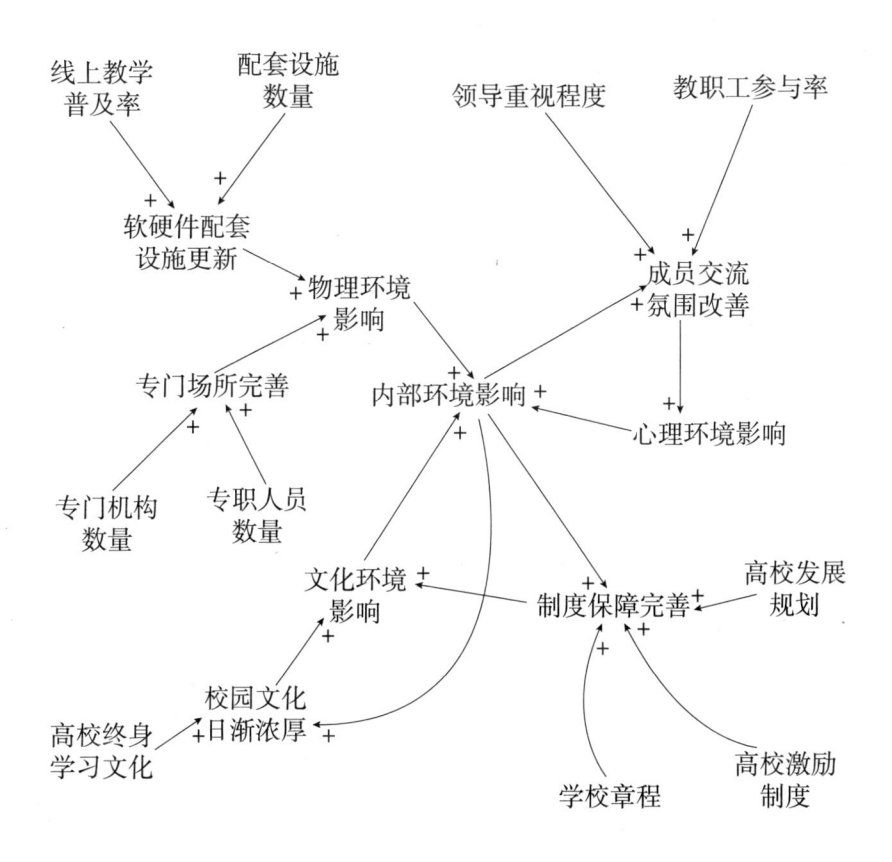

图 4-12 高校参与学习型城市建设内部环境子系统因果关系图

185

（五）内部环境子系统存量流量图

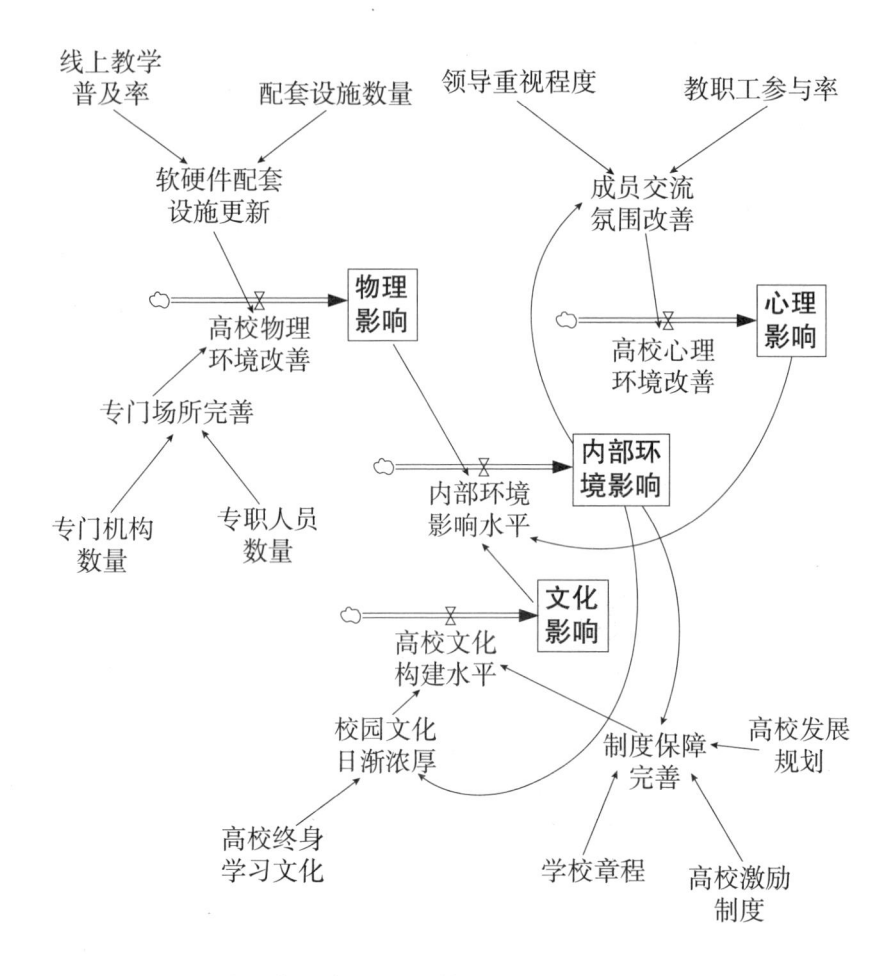

图 4-13　高校参与学习型城市建设内部环境子系统存量流量图

（六）内部环境子系统变量说明

本研究中高校参与学习型城市建设内部环境的主要变量具体说明情况如表 4-2 所示：

表 4-2　内部环境子系统主要变量说明

变量名称	变量代码	变量说明
内部环境影响	L1	高校参与学习型城市建设所受的内部环境影响
物理影响	L2	高校参与学习型城市建设所受的内部物理环境影响
心理影响	L3	高校参与学习型城市建设所受的内部心理环境影响
文化影响	L4	高校参与学习型城市建设所受的内部文化环境影响
内部环境影响水平	R1	单位时间内高校参与学习型城市建设受到内部环境发展影响的增加程度或衰减程度
高校物理环境水平	R2	单位时间内高校参与学习型城市建设受到内部物理环境发展影响的增加程度或衰减程度
高校心理环境水平	R3	单位时间内高校参与学习型城市建设受到内部心理环境发展影响的增加程度或衰减程度
高校文化构建水平	R4	单位时间内高校参与学习型城市建设受到内部文化环境发展影响的增加程度或衰减程度
软硬件配套设施更新	A1	单位时间内高校软硬件配套设施更新的得分
专门场所完善	A2	单位时间内高校专门场所完善程度的得分
成员交流氛围改善	A3	单位时间内高校成员交流氛围改善情况的得分
制度保障完善	A4	单位时间内高校制度保障完善程度的得分
校园文化日渐浓厚	A5	单位时间内高校校园文化营造情况的得分
配套设施数量	C1	单位时间内高校软硬件配套设施更新的得分
线上教学普及率	C2	单位时间内高校线上教学普及化的得分

续表

变量名称	变量代码	变量说明
专门机构数量	C3	单位时间内新增高校终身教育部门情况的得分
专职人员数量	C4	单位时间内新增高校专职人员配备情况的得分
领导重视程度	C5	单位时间内高校领导重视程度情况的得分
教职工参与率	C6	单位时间内高校教职工参与终身教育情况的得分
学校章程	C7	单位时间内高校终身学习相关学校章程情况的得分
高校激励制度	C8	单位时间内高校终身学习相关激励制度情况的得分
高校发展规划	C9	单位时间内高校终身学习相关发展规划情况的得分
高校终身学习文化	C10	单位时间内高校终身学习文化营造情况的得分

三、系统动力学模型分析

整个高校参与学习型城市建设动力受到外部环境和内部环境的共同影响，这直接决定了高校参与学习型城市建设动力和效果。同时，高校参与学习型城市建设成果最终会反馈到经济环境因素、社会环境因素、物理环境因素和文化环境因素等方面，促成良性循环，最终提升高校参与学习型城市建设动力。同时政治、经济、社会、技术、物理、心理和文化七个不同系统的因素也存在相互影响，在前文论述的基础上最终形成如图4-14所示的高校参与学习型城市建设动力总流图。

第四章　高校参与学习型城市建设的系统动力学模型

（一）高校参与学习型城市建设系统动力学总流图

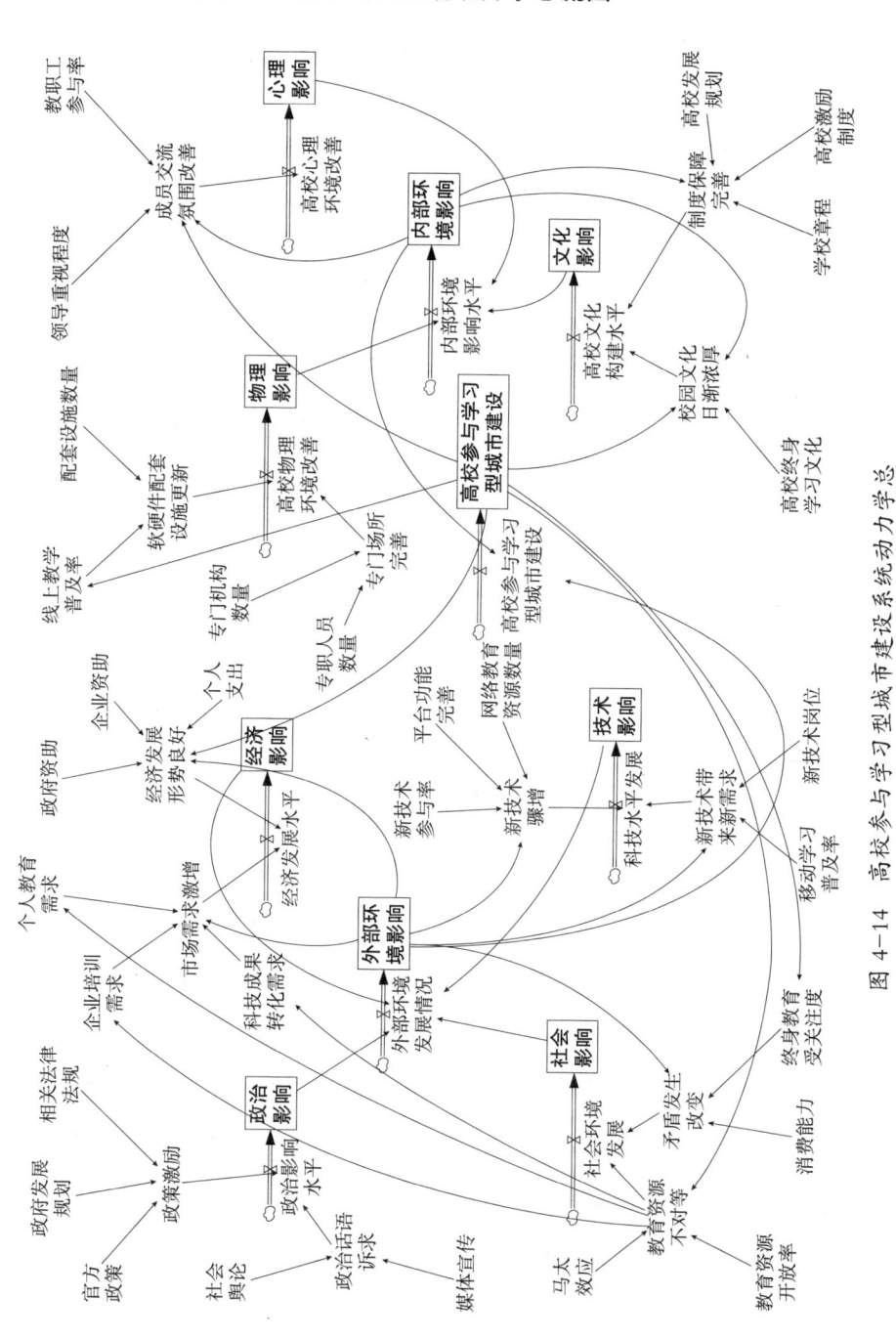

图 4—14　高校参与学习型城市建设系统动力学总流图

（二）反馈回路

根据高校参与学习型城市建设系统动力学总流图，主要反馈回路有：

回路一：高校参与学习型城市建设 —— 经济发展形势良好 —— 经济发展水平 —— 经济影响 —— 外部环境发展情况 —— 外部环境影响 —— 高校参与学习型城市建设动力。

回路二：高校参与学习型城市建设 —— 教育资源不对等 —— 社会环境发展 —— 社会影响 —— 外部环境发展情况 —— 外部环境影响 —— 高校参与学习型城市建设动力。

回路三：高校参与学习型城市建设 —— 成员交流氛围改善 —— 高校心理环境改善 —— 心理影响 —— 内部环境影响水平 —— 内部环境影响 —— 高校参与学习型城市建设动力。

回路四：高校参与学习型城市建设 —— 校园文化日渐浓厚 —— 高校文化构建水平 —— 文化影响 —— 内部环境影响水平 —— 内部环境影响 —— 高校参与学习型城市建设动力。

回路五：高校参与学习型城市建设 —— 线上教学普及率 —— 软硬件配套设施更新 —— 高校物理环境改善 —— 物理影响 —— 内部环境影响水平 —— 内部环境影响 —— 高校参与学习型城市建设动力。

回路六：高校参与学习型城市建设 —— 终身教育关注度 —— 矛盾发生改变 —— 社会环境发展 —— 社会影响 —— 外部环境发展情况 —— 外部环境影响 —— 高校参与学习型城市建设动力。

回路七：高校参与学习型城市建设 —— 教育资源不对等 —— 企业培训需求 —— 市场需求激增 —— 经济发展水平 —— 经济影响 —— 外部环境发展情况 —— 外部环境影响 —— 高校参与学习型城市建设动力。

回路八：高校参与学习型城市建设 —— 教育资源不对等 —— 个人

教育需求——市场需求激增——经济发展水平——经济影响——外部环境发展情况——外部环境影响——高校参与学习型城市建设动力。

回路九：高校参与学习型城市建设——教育资源不对等——科技成果转化需求——市场需求激增——经济发展水平——经济影响——外部环境发展情况——外部环境影响——高校参与学习型城市建设动力。

第二节 系统动力学仿真模型的构建

根据系统动力学理论，系统动力学模型中存在水平变量、流速变量、辅助变量及常量。常量是指在该模型中假定其不随时间和其他变量的变化而变化的量，用箭头连接的其他三种变量之间的关系用函数形式表示，因此确定各个常量的值以及确定变量的函数关系是建立系统动力学模型的关键。本研究通过对 G 市统计数据和 G 大学的师生调查与历年年鉴数据分析，同时获取了 2017—2021 年的数据进行整理、计算求得各变量的数值如表 4-3 所示，并通过表函数的形式定义各变量间的关系。

一、系统动力学模型变量计算方式

表 4-3 变量计算方式及数值

变量名称	计算方式	变量值
官方政策 C1	官方政策中是否提及终身学习，有为 1，无为 0	1
政府发展规划 C2	高校当地政府发展规划中是否提及终身学习，有为 1，无为 0	1
相关法律法规 C3	当年新增终身学习相关法律法规数量	2
社会舆论 C4	高校所在城市居民对终身学习认可程度	0.64

续表

变量名称	计算方式	变量值
媒体宣传 C5	当年主流媒体提及终身学习频率	0.54
政府资助 C6	当地政府对该高校终身学习资助数额	0.18
企业资助 C7	高校每年收到企业终身学习相关资助总数额	0.36
个人支出 C8	高校每年收到当地居民个人教育培训缴费总额	0.45
马太效应 C9	高校当年总预算	0.48
教育资源开放率 C10	高校当年继续教育招生人数	0.51
消费能力 C11	高校当地居民人均教育培训费用支出	0.67
终身教育关注度 C12	高校所在城市居民对终身学习了解程度	0.19
新技术参与率 C13	当年教育行业引入重大新技术的数量	0.40
平台功能完善 C14	网络主流教育平台需求满意度	0.87
网络教育资源数量 C15	网络主流教育平台课程数量	0.23
移动学习普及率 C16	高校所在城市居民使用移动学习比例	0.57
新技术岗位 C17	当年出现技术相关新岗位数量	0.07
配套设施数量 C18	高校终身学习配套设施数量	0.16
线上教学普及率 C19	高校终身教育相关线上教学课程占总终身学习相关课程的比例	0.38
专门机构数量 C20	高校学习型城市建设专门机构数量	2
专职人员数量 C21	高校学习型城市建设专职人员数量	0.16
领导重视程度 C22	领导参与终身教育活动频率	0.47
教职工参与率 C23	高校教职工参与终身教育活动频率	0.41
学校章程 C24	高校的学校章程是否提及终身学习，有为1，无为0	1
高校激励制度 C25	高校的激励制度是否涉及终身学习参与情况，有为1，无为0	1
高校发展规划 C26	高校的发展规划是否提及终身学习，有为1，无为0	1
高校终身学习文化 C27	高校师生对终身学习概念的了解情况	0.79

二、系统动力学模型的主要方程

根据相关文献分析整理，本研究构建了高校参与学习型城市建设演变 SD 模型部分主要方程：

（一）FINAL TIME = 100

　　Units: Month

　　The final time for the simulation.

（二）INITIAL TIME = 0

　　Units: Month

　　The initial time for the simulation.

（三）SAVEPER = TIME STEP

　　Units: Month [0, 1]

　　The frequency with which output is stored.

（四）TIME STEP = 1

　　Units: Month [0, 1]

　　The time step for the simulation.

（五）内部环境影响 = INTEG（内部环境影响水平，1）

　　Units: 1

（六）外部环境影响 = INTEG（外部环境发展情况，1）

　　Units: 1

（七）心理影响 = INTEG（高校心理环境改善，1）

　　Units: 1

（八）政治影响 = INTEG（政治影响水平，1）

　　Units: 1

（九）文化影响＝INTEG（高校文化构建水平，1）

　　Units: 1

（十）物理影响＝INTEG（高校物理环境改善，1）

　　Units: 1

（十一）社会影响＝INTEG（社会环境发展，1）

　　Units: 1

（十二）技术影响＝INTEG（技术水平发展，1）

　　Units: 1

（十三）高校参与学习型城市建设＝INTEG（高校参与学习型城市建设动力，1）

　　Units: 1

第三节 模型有效性检验

本研究通过查阅大量文献、年鉴数据并结合学习型城市建设的相关访谈结果进行统计分析，整理并总结出与本研究模型相关的系统动力学变量，同时在此之上结合实际情况充分考虑各模型变量之间的因果关系与反馈影响，使最终确认的模型系统尽可能与实际情况相符，让研究模型与实际情况更加贴合，提升实验结论的解释力，为后文的策略分析提供有价值参考。理论上讲，任何预测与实际结果均会存在误差，尤其是社会科学的研究。高校参与学习型城市建设受到诸多客观因素的影响，这使得模型仿真的最终结果不可能与实际环境完全相符，在实际值与模拟值二者之间会存在或多或少的误差，这要求研究者将误差值保持在一个合理区间内，通过调整参数和公式不断对模型优化，最终将误差值控制在合理范围，最后得到符合要求的最终实验模型。最终研究模型通过包括真实性检验在内的一系列检验，研究者才可以确保研究模型具有合格的信效度，保证研究过程和结论的有效性。

因为系统动力学本身的特点，完全的有效性和各类检验无法在系统动力学的有关研究中存在，系统动力学模型的确立本身就建立在个人主观意识之上，具有很强的主观性特点，是一种对于现实情况的简化反映，具有不可忽视和无法完全弥补的局限性。系统动力学的仿真实验是建立

第四章　高校参与学习型城市建设的系统动力学模型

在一系列具体假设前提下的，如何在这些假设前提下提升实验的有效性，也是本研究需要关注的重点。依据斯特曼的观点，历史性测试并没有被归类到系统动力学的十二种检测方法中，这是为了避免研究者过度关注研究模型与历史数据相吻合，有可能会在这一过程中出现更多问题，使模型的仿真结果有效性降低。而本研究使用系统动力学的主要目的是检验不同政策会对高校参与学习型城市建设动力产生何种影响，从而了解到在资源有限的前提下如何更有效地分配资源，更好地提升高校参与学习型城市建设的动力，为之后的策略研究提供实证支撑，且高校参与学习型城市建设的指标繁杂，因为高校的具体环境不同，使之采取的具体策略也存在具体差别，各个高校所处的地区城市不同，高校日常的运行方式也会随着周围社会环境差异而具体调整，这会导致各类数据存在一定差异，对取得精确的研究数据存在许多困难，数据在多大程度上可以体现出模型指标也缺乏可靠标准。综上所述，本研究最终决定对研究模型进行模型有效性检验，主要包括：量纲一致性测试、灵敏度测试和真实性检验。

一、量纲一致性测试

量纲一致性检验是系统动力学仿真实验的基础，量纲一致性检验在本研究将被最先进行，通过 Vensim PLE 软件自带功能进行实现，只有通过量纲一致性检验才可以确保模型变量以及方程的选择合理，系统才可以进行后续的仿真实验，如果模型没有通过量纲一致性检验，则系统会报错。通过点击"Units Check"按钮，最终显示结果表明本研究的系统动力学模型通过量纲一致性检验，图 4-15 为检验结果的窗口。

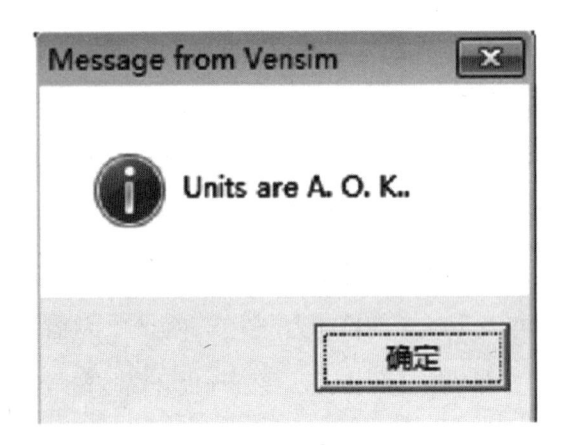

图 4-15 量纲一致结果图

二、灵敏度测试

灵敏度测试和敏感性分析。灵敏度测试旨在检验该变化对模型输出结果数值上的变化,具体过程是指更改模型中有关常量值的假设,然后通过模型的输出值进行判断。在灵敏度测试的过程中,假如模型输出结果因为某个变量的细微变化,导致系统行为出现过大波动,也就是变量不合理或者过于灵敏。从系统角度来讲,说明系统结构的灵敏度过高,系统行为的稳定性、系统结构的合理性有待商榷,系统模型不具有一定范围内的适用性,需要重新进行修正。假如某个变量经过大幅调整仍未能引起系统行为的有效变化或者说变化非常有限,也就是变量影响过于微弱,很有可能不是关键性变量,则应该予以删除或者替换。

高度确定又有可能会起决定性作用的关系和参数是灵敏度分析的重点,也是灵敏度测试时变量选取的原则。通过对系统中参数的灵敏度测试分析发现,既不存在灵敏度过低的变量,也没有过度灵敏的变量。因此,灵敏度测试通过。

三、真实性检验

高校参与学习型城市建设总流图通过选取个人教育需求作为研究对象，通过 G 大学 2017—2021 年成人教育报考历史人数进行对比，G 大学成人教育报考人数 2017 年为 9569 人，2018 年为 12361 人，2019 年为 14300 人，2020 年为 16097 人，2021 年为 17549 人，尽管每年增长率存在一定差别，但从总体来说呈逐年上升趋势，并且 5 年来增长迅猛，而且随着时间推移，其增长率有趋于平缓的倾向。通过输入 2017 年数据，以月为单位，12 个单位表示为 1 年，共仿真 60 个月，即得到 5 年仿真数据，仿真结果如图 4-16 所示。通过将仿真结果与上述数据进行比较，可以发现总体趋势相吻合，可以在一定程度上证明模型的有效性。

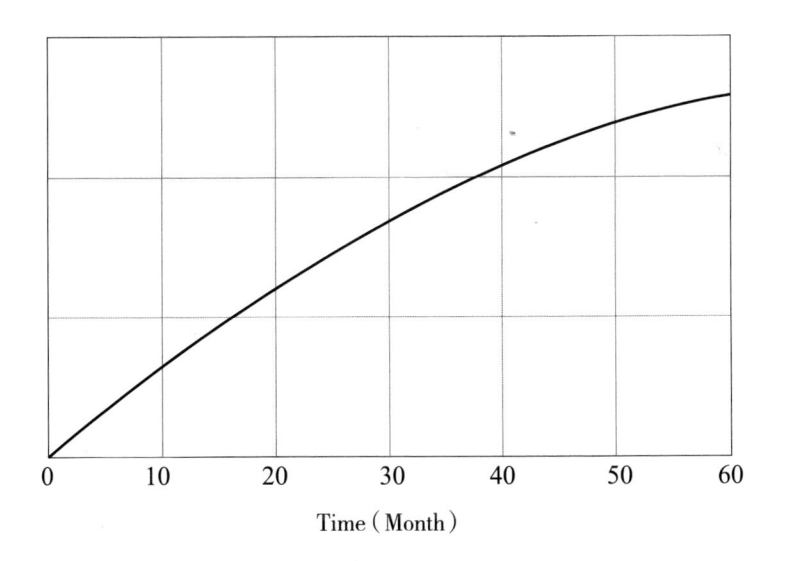

图 4-16　个人教育需求 2017—2021 年仿真图

〔**本章小结**〕

本章结合专家访谈、案例解析和文本研究，对高校参与学习型城市建设的内部因素与外部环境相关的七种子系统概念进行界定，根据结构功能图绘制了内部环境和外部环境的因果关系图，并且阐述其中存在的因果关系回路，进而构建相应子系统的存量流量图，对各子系统的变量进行阐释。通过 Vensim PLE 软件，进一步寻求了各子系统之间、各要素之间的因果联系，通过对次要的变量和过程进行适当的删减，构建了高校参与学习型城市建设的总流图。确定系统动力学模型的模型参数与主要方程，最终构建了基于系统动力学的高校参与学习型城市建设动力模型，并对模型的有效性进行检验。

第五章
模型模拟仿真与分析

    本章将通过调节关键常量进行模拟，探究高校参与学习型城市建设动力的运作机理，然后选取典型高校进行仿真模拟，根据结构优化仿真结果提出了提升高校参与学习型城市建设动力的策略。

第一节　基于系统动力学的动力模拟仿真

在高校参与学习型城市建设动力模型的基础上，结合文献综述法和访谈法得到相关的数据以确定部分参数以及函数关系，并对高校参与学习型城市建设进行模拟仿真。采用系统动力学仿真解决以下问题：第一，探究高校参与学习型城市建设的运行机理；第二，观测高校参与学习型城市建设动态发展趋势；第三，探寻影响各子系统的关键因素、子系统间的相互关系，以及各子系统对于整体系统的影响。本研究采用 Vensim PLE 软件对前文构建基于系统动力学的高校参与学习型城市建设动力模型进行仿真模拟，模拟时间单位为月。

系统动力学模型的灵敏度检验是一种有效的分析工具，其主要方式是通过调节系统中的参数观察整个系统的变化及影响，通常情况下变量参数的调节需要遵循控制变量法。对于单个参数的调节会对子系统产生较大的影响，而整体系统对于单参数的改动并不敏感。据此，本研究将会选择几个有代表性的且有重大意义的变量并对其参数进行有目的性的调节，分析参数变化导致子系统状态发生变化的过程、机理和原因。

一、外部环境子系统动态模拟结果及分析

从模拟结果来看，外部环境影响随时间变化而增长，增长速度逐渐减小并趋于稳定。外部环境影响包括政治影响、经济影响、社会影响及技术影响四个方面。政治影响主要是通过政策激励和政治话语诉求体现，当前

包括未来发展规划及法律法规在内的终身学习相关政策还在进一步完善中。随着其完善程度逐渐提升，高校参与学习型城市建设动力也会随即提升，而当相关政策基本完善时，政策激励方面提升高校参与学习型城市建设动力的效果也会逐渐减弱。社会舆论与媒体宣传也是如此，随着相关政治话语诉求不断提升，高校参与学习型城市建设的积极性也会随之提升，最后在达到一定的高值后趋于饱和。经济影响主要通过市场需求激增和经济发展形势良好体现，教育需求同样会伴随人均可支配收入提高而提升，教育需求会伴随经济的发展一直存在，但在群体教育程度普遍提升的前提下，增长的趋势最终逐渐趋于平缓。社会影响主要包括教育资源不对等与矛盾发生改变两个方面的影响，技术影响则是主要受到新技术出现和其带来的新需求影响，社会和技术影响会随时代发展而不断改变并且向更高层次发展，对高校参与学习型城市建设起到推动作用。综上所述，外部环境影响对高校参与学习型城市建设初期效果会逐渐明显，效果逐渐提升，当与终身学习相关的外部环境发展趋于完善时，效果会减弱，动力如图显示在后期会逐渐趋于平缓。随着增长率逐渐降低，意味着高校参与学习型城市建设任务趋于达成，因此其增长速度会逐渐减缓，最终保持在一个相对比较稳定的水平，但相对于初始水平有了大幅的增长。如图5-1所示。

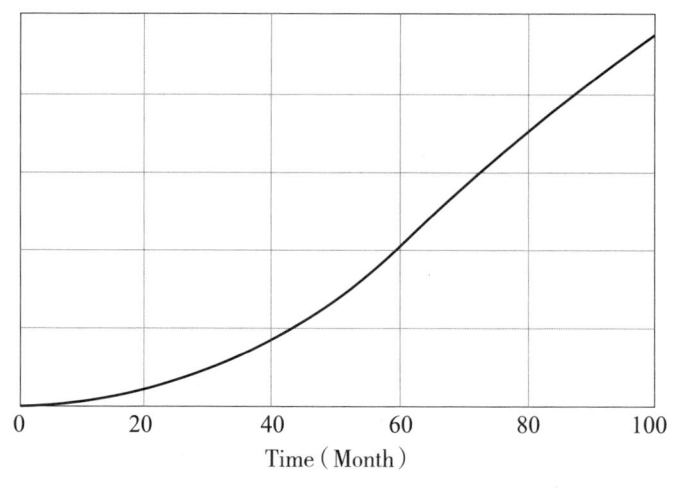

图5-1 外部环境影响随时间变化趋势

在"政治影响"方面,选择"官方政策"作为动力因素进行仿真,图 5-2 描述了官方政策水平变化,表现为外部环境影响随着官方政策水平的提升显著增加。官方政策内容直接决定整个国内大环境未来发展方向,当官方政策中明确带有终身学习相关内容时,高校也会提升参与终身学习事业的积极性。学习型城市建设是终身学习事业的重要内容,本身具有政策牵引范式的特点,因此高校参与学习型城市建设直接受到官方政策制度情况的影响。

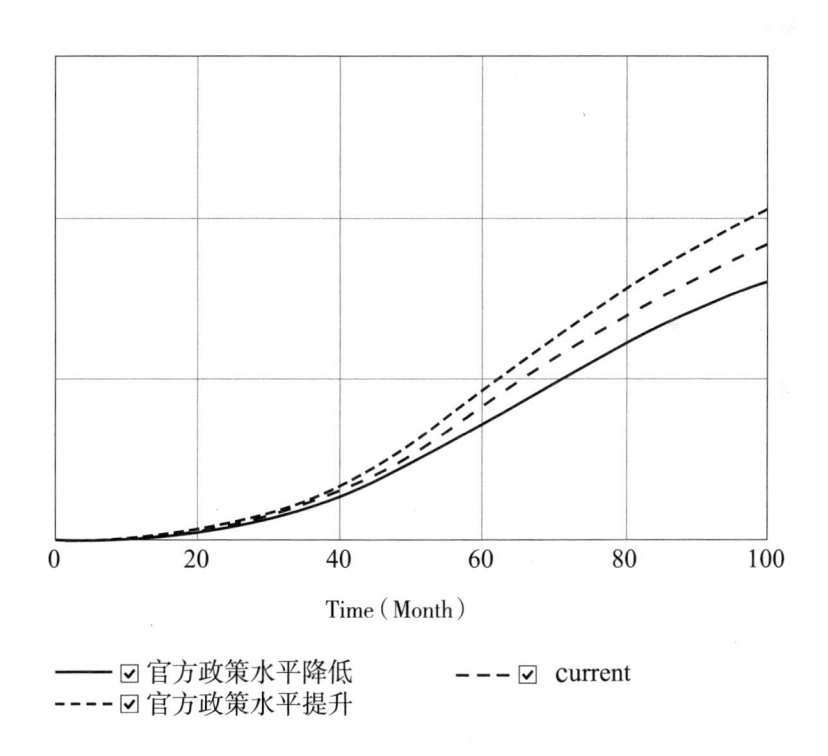

图 5-2 外部环境影响随官方政策水平变化图

在"经济影响"方面，选择"个人支出水平"作为动力因素进行仿真，外部环境影响受个人支出水平影响较为明显，成人教育和继续教育等再教育形式本身需要花费一定费用，因此市场培训需求直接与个人可支配收入挂钩，也可以从城市居民的支出情况了解居民投入教育的情况，通常教育支出水平高的城市居民会在教育方面投入更多资源。当前我国经济发展良好，人均可支配收入提升，个人教育支出也随之提升，有更多人选择通过接受再教育进行自我提升，这种良好的国家发展环境促成巨大的市场需求，吸引更多的高校参与学习型城市建设而成为一种推动力，如图5-3所示。

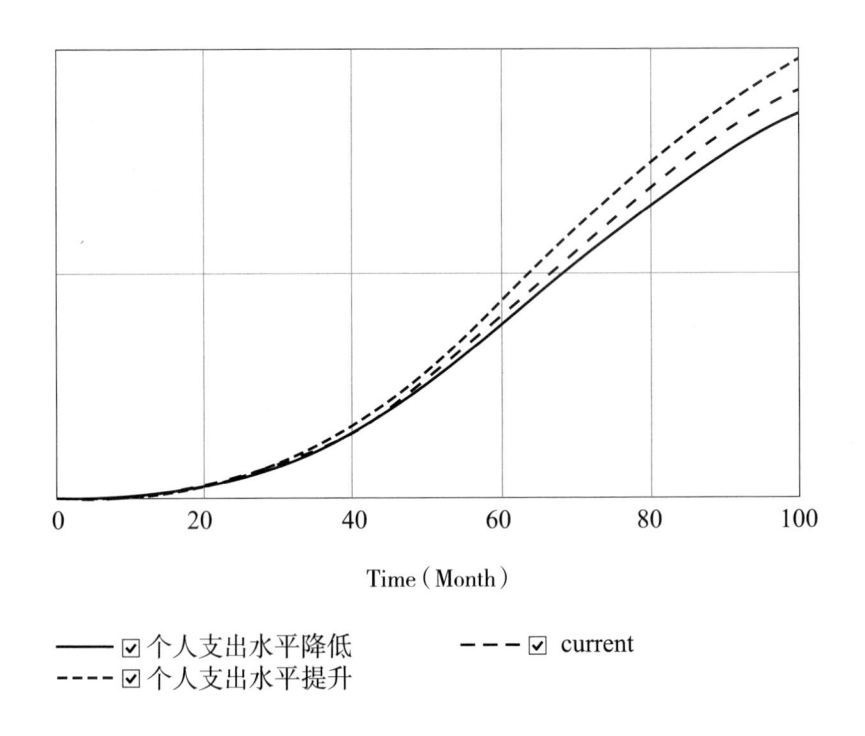

图5-3 外部环境影响随个人支出水平变化图

在"社会影响"方面，选择"终身教育关注度"作为动力因素进行仿真，国内社会终身教育关注度的增减会显著作用于外部环境影响。学习型城市建设本身是我国终身学习事业的重要一环，因此终身教育关注度直接与学习型城市建设参与意愿挂钩，如图5-4所示。

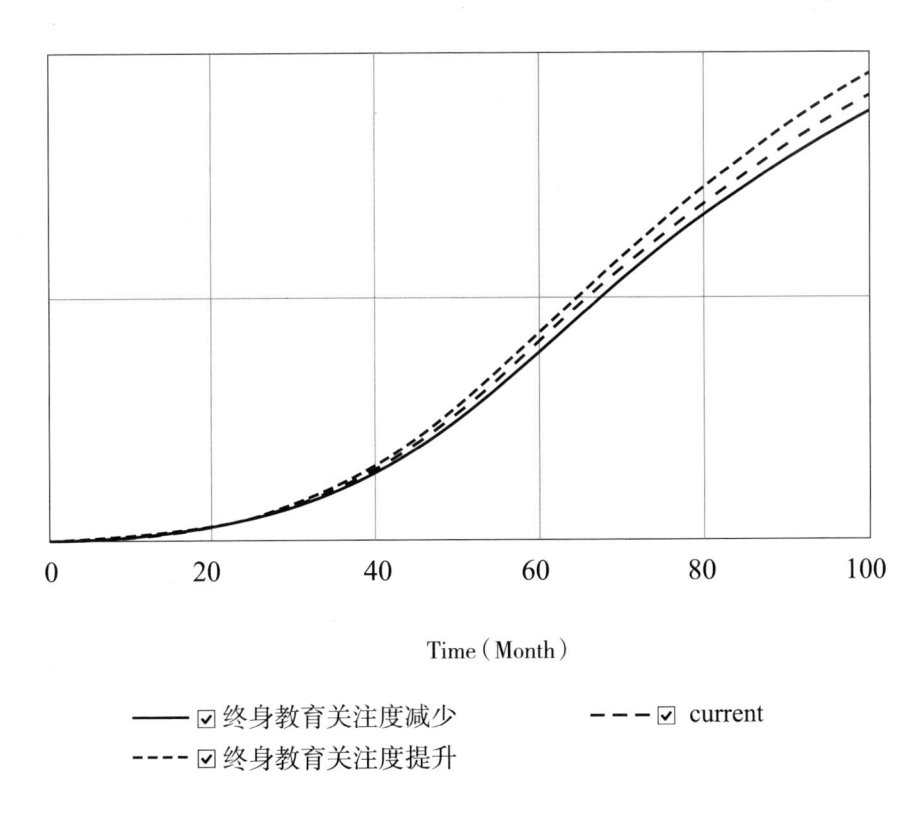

Time（Month）

—— ☑ 终身教育关注度减少　　　---- ☑ current
---- ☑ 终身教育关注度提升

图5-4　外部环境影响随终身教育关注度变化图

在"技术影响"方面，选择"移动学习普及率"作为动力因素进行仿真，图5-5展示了移动学习普及率对外部环境影响的作用。从趋势预测看，移动学习普及率的提升显著正向影响输出值，当前社会环境下，城市居民相比于过去更多采用移动学习形式进行学习，这也促成了更多移动教育技术的诞生，随之产生的就是更多移动教育资源，高校掌握的教育资源自然也在其中。居民比以往更倾向于选择采用移动教育的形式进行学习，取得高校学位证与学历证，这为高校提供了更多的教育机会。因此城市居民移动学习普及率自然成为高校参与学习型城市建设的动力来源。要在促进技术环境的基础之上，进一步增加高校参与学习型城市建设的动力。

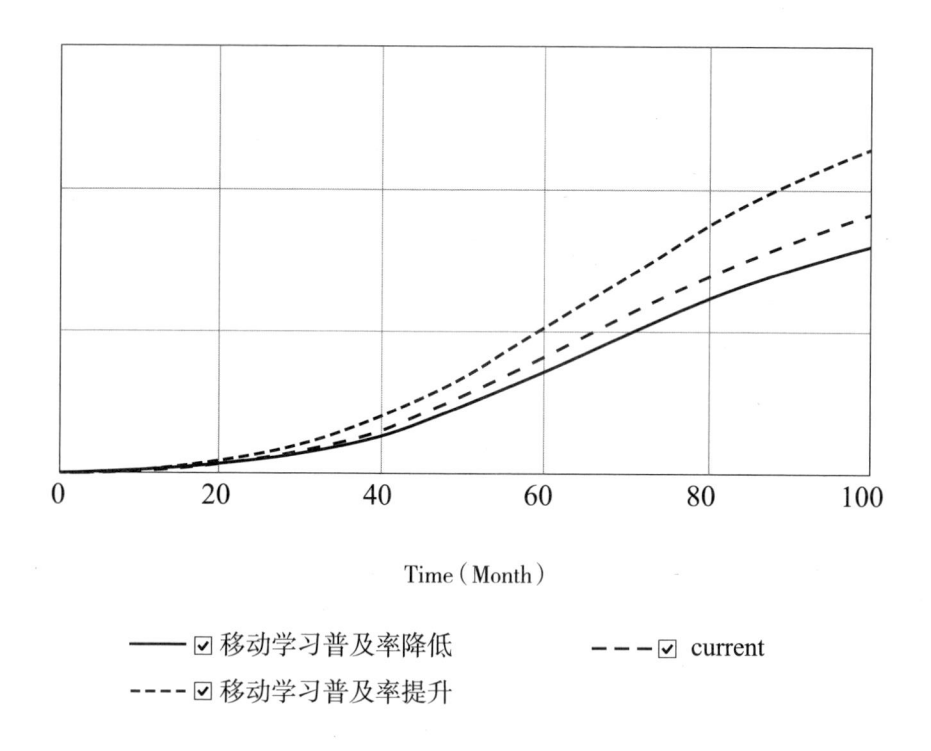

—— ☑ 移动学习普及率降低　　　---- ☑ current
---- ☑ 移动学习普及率提升

图 5-5　外部环境影响随移动学习普及率水平变化图

二、内部环境子系统动态模拟结果及分析

高校参与学习型城市建设的内部环境影响呈现随时间平滑上涨的曲线，且曲线斜率逐渐减少。可以预见在一段足够长的时间之后，其他条件不变的情况下，内部环境影响会趋向于一个稳定的值，也就是高校的内部环境影响不能无限增加。实际上高校的内部环境影响受到客观因素、外部环境的影响较大，如高校的办学实力、城市发展水平等，而受到的内部影响相对稳定。因此，高校在内部环境影响方面无法持续不断的提升。根据本研究的仿真结果，高校的内部环境影响很难有大幅度提升，可能是由高校在短时间内无法获得足够的激励导致的，同时该子系统中许多重要变量与高校领导的理念有关，短时间内很难获得较大转变，如图5-6所示。

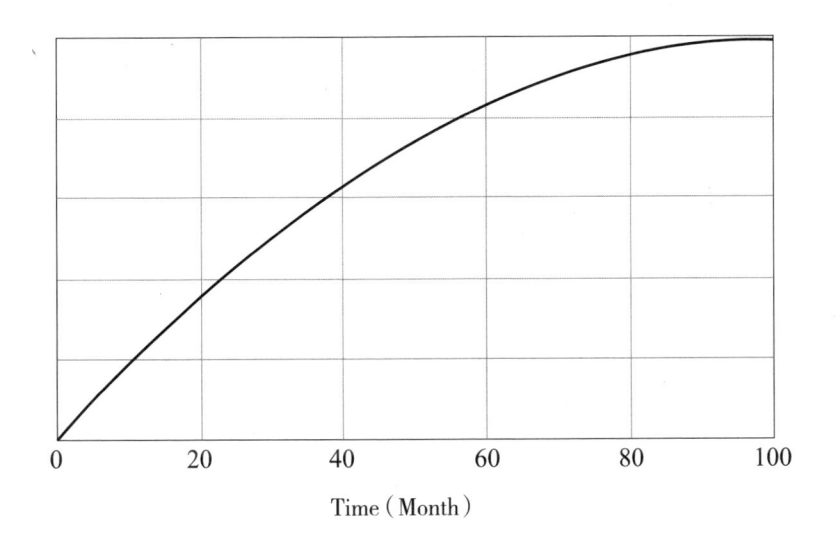

图5-6 内部环境影响随时间变化趋势图

在"物理环境"方面,选择"专职人员数量"作为动力影响因素进行仿真。高校为终身教育和构建学习型城市所配备的专职人员数量本身就可以体现出高校的重视程度。当高校配备更多终身学习专职人员时,高校提供更多资源便利应用于对高校成员进行宣传或是直接参与到学习型城市建设中。从图5-7来看,高校终身学习专职人员配备数量对内部环境产生一定程度的影响,当高校成员有一点空余量时,可以考虑将部分高校成员调整到终身教育或者学习型城市建设的相关部门,以此来提升该高校终身学习专职人员配置数量,进而提升高校参与学习型城市建设的动力。

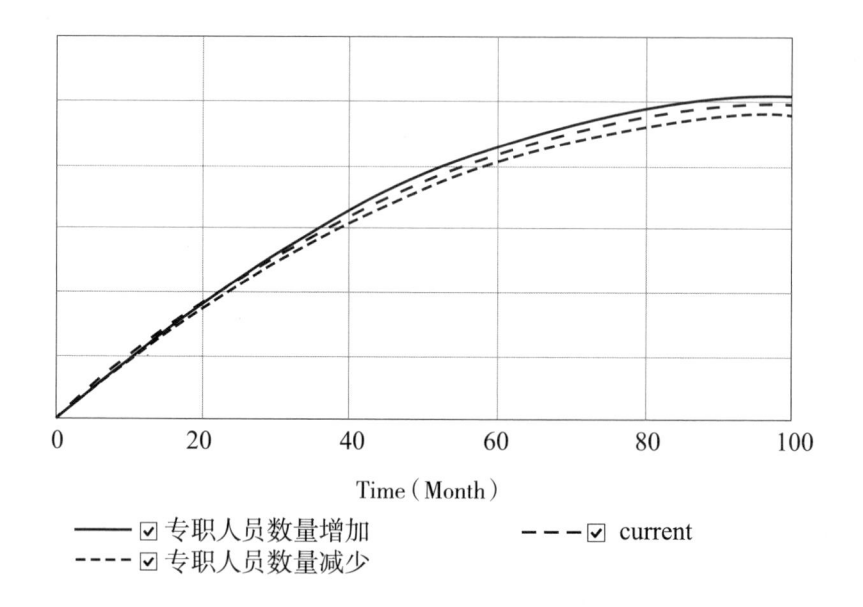

图5-7 内部环境影响随专职人员数量变化图

在"心理环境"方面,选择"领导重视程度"作为动力因素进行仿真,图5-8呈现的是心理环境因素随着学校领导重视程度增加或者减少的变化趋势。可以明显看到,当学校领导对高校参与学习型城市建设的重视程度增加时,心理环境因素会有较大幅度的提升,而高校的重视程度减少对心理环境的影响较小,显然领导的重视程度与心理环境影响呈现正相关关系,即心理环境影响对于学校领导重视程度增加较为敏感,对学校领导重视程度减少不敏感。领导重视程度降低而内部环境保障减少不明显说明基础保障随着领导的重视程度的变化存在一个下限值,也反映出G大学对于高校参与学习型城市建设的重视程度有较大的提升空间。

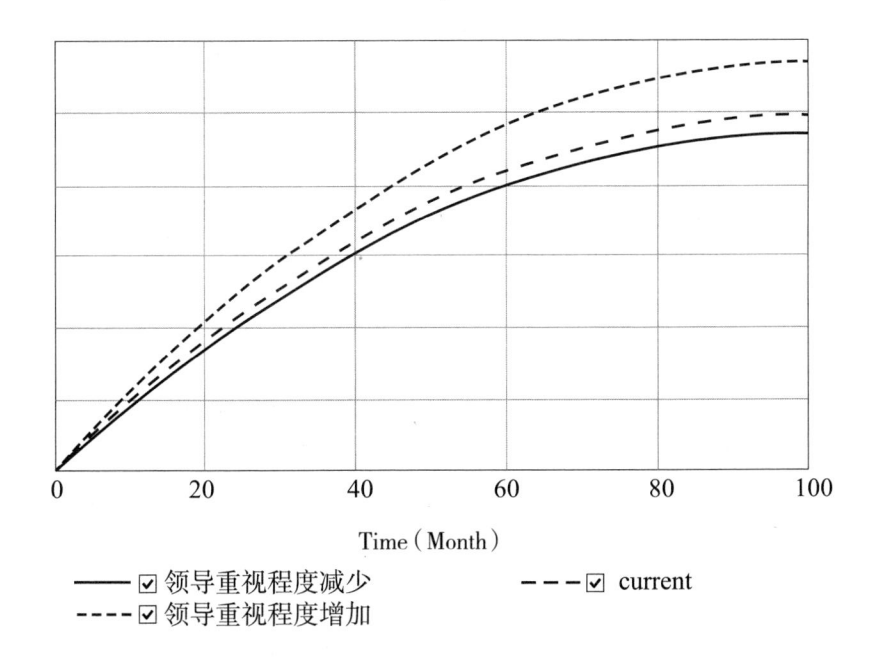

图 5-8 内部环境影响随领导重视程度变化图

在"文化环境"方面，选择"高校终身学习氛围"作为动力因素进行仿真，高校终身学习氛围会很大程度地影响到高校参与学习型城市建设的执行效果，因此其也是影响基础保障的重要变量。如图 5-9 所示，内部环境影响会随着高校终身学习氛围的增加或减少而相应地增加或减少，两者呈正相关关系。高校终身学习氛围的增加一方面影响全体师生及工作人员对于高校参与学习型城市建设的积极性，另一方面增强了学习型组织建设，提升了终身学习氛围，最终影响到政策执行效果，决定了高校参与学习型城市建设动力的强弱。

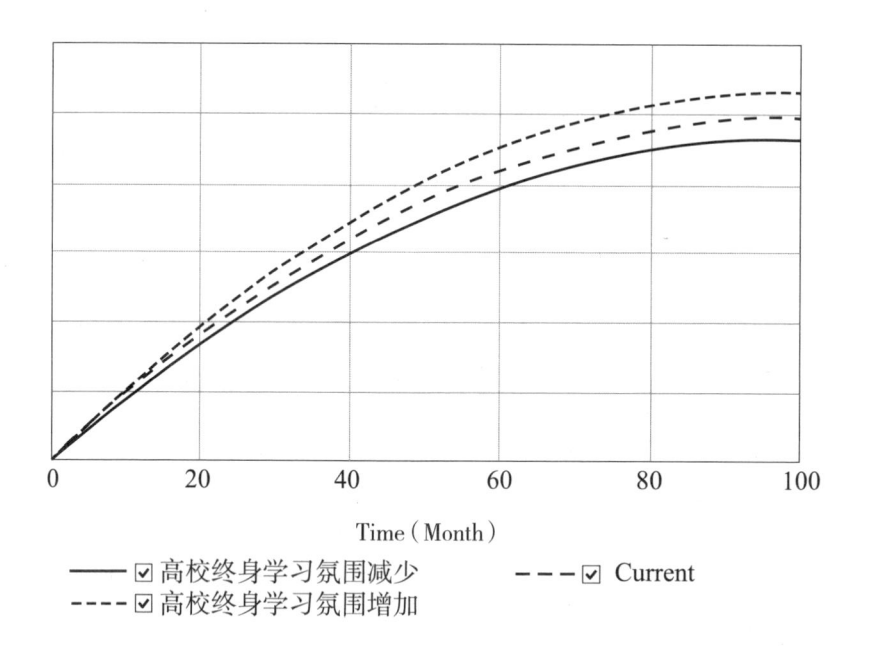

图 5-9 内部环境影响随高校终身学习氛围变化图

第二节　基于系统动力学的动力优化分析

系统动力学的优化调整是指通过试验各种假设条件模拟对系统产生的影响，通过比较分析的方法，将不同的政策影响或增长方式呈现出来，为决策提供依据。从基于系统动力学的高校参与学习型城市建设动力模型动态模拟结果来看，系统的行为影响主要来源于以下几个方面：一是贯彻理念、强化政策，包括国家政策支持力度、学校领导的重视程度、终身教育理念贯彻程度；二是加强理论创新，包括搭建学习型城市智库，加强相关学科建设，为学习型城市建设提供理论支撑；三是培养专门人才，为学习型城市建设提供人才保障；四是完善终身教育体系，促进各类教育的融合；五是开放优质教育资源，满足广大市民的学习需求。

传统的趋势预测只能通过过去的情境预测之后的发展变化，无法考察以往未发生过的状况，因此逻辑无法自圆，难以提出合理的建议。模拟仿真可以预测不同情境下未来可能发生的情况。本研究将采用七种方案开展仿真，预测不同方案下的发展走向，通过比较分析的形式选择最优方案组合。

一、模拟仿真情境设置

高校参与学习型城市建设动力模型在通过检验后，为更好地了解其发展状况，在现有模型运行情况下，研究者还可通过调控变量，来模拟变量调整对系统的影响，可以为决策的制定提供一定的支持。

（一）现行方案

现行方案，即按照历史数据预测的高校参与学习型城市建设发展趋势，所有参数都通过计算得出，不加以干涉和调整，用作仿真模拟的对照组。

（二）优化方案一

优化方案一为在其他条件不变的情况下，加强政治环境相关变量。在现行方案的基础上，将政策相关变量，即官方政策、国家发展规划和相关法律法规变量提高10%。在此情境下讨论加强宏观层面终身学习有关政策对高校参与学习型城市建设的影响变化。

（三）优化方案二

优化方案二为在其他条件不变的情况下，提高经济环境相关变量。在现行方案的基础上，将与经济发展密切挂钩的政府资助能力和企业资助能力相关变量提高10%。在此情境下讨论提高政府与企业资金投入对高校参与学习型城市建设的影响变化。

（四）优化方案三

优化方案三为在其他条件不变的情况下，增加社会环境相关变量。在现行方案的基础上，将教育资源开放率与消费能力变量提高10%。在此情境下讨论提升教育资源开放程度对高校参与学习型城市建设的影响变化。

（五）优化方案四

优化方案四为在其他条件不变的情况下，增加技术环境相关变量。在现行方案的基础上，将新技术相关变量，即新技术参与率、平台功能完善和网络教育资源数量这些变量提高10%。在此情境下讨论为高校提供新技术对高校参与学习型城市建设的影响变化。

（六）优化方案五

优化方案五为在其他条件不变的情况下，增加物理环境相关变量。在现行方案的基础上，将专职人员数量和专门机构数量变量提高10%。在此情境下讨论完善高校专门终身教育部门对高校参与学习型城市建设的影响变化。

（七）优化方案六

优化方案六为在其他条件不变的情况下，增加心理环境相关变量。在现行方案的基础上，将领导重视程度和教职工参与率变量提高10%。在此情境下讨论推动高校成员间横纵向交流氛围改善对高校参与学习型城市建设的影响变化。

（八）优化方案七

优化方案七为在其他条件不变的情况下，增加文化环境相关变量。在现行方案的基础上，将高校制度文化和精神文化相关变量提高10%。在此情境下讨论构建高校终身学习制度文化和精神文化对高校参与学习型城市建设的影响变化。

二、模拟仿真结果输出

利用系统动力学模型对上述七种方案进行仿真模拟,讨论不同情境下各方案对高校参与学习型城市建设动力的影响,不同方案的系统模拟运行情况,如图5-10所示。

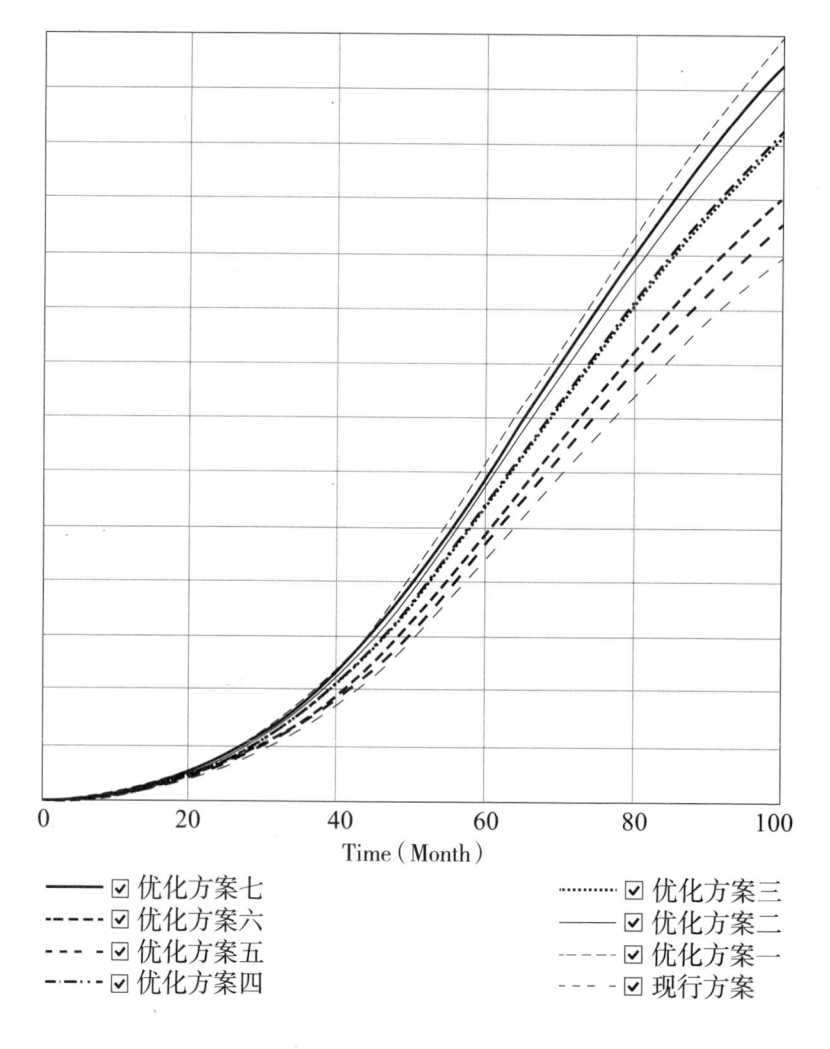

图 5-10 高校参与学习型城市建设仿真模拟对比图

三、仿真结果分析

通过仿真模拟对比图可以看出，依据仿真结果，优化方案七对高校参与学习型城市建设动力的提升最明显，即加强校园制度文化和精神文化构建；其次是优化方案一，即国家宏观层面的终身学习相关政策颁布情况，优化方案一与优化方案七分别对应高校参与学习型城市建设的外部因素和内部因素，具有较高的对策参考价值；优化方案二对高校参与学习型城市建设动力的影响相对也比较明显，与之相对应的影响因素是经济环境相关动力因素；优化方案四和优化方案三对高校参与学习型城市建设动力的影响相对滞后，但在进程后期会有明显的正向作用，即技术环境和社会环境因素对高校参与学习型城市建设的动力提升的前期作用不明显，需要政策保障和舆论氛围持续投入后才能明显提升高校参与学习型城市建设的动力；优化方案六和优化方案五对高校参与学习型城市建设动力的影响相对其他方案效果较弱，对应高校内部心理环境因素和物理环境因素，其效果不太理想可能是由于高校内部的软硬件设施和成员交流氛围等方面在短时间内难以发生较大改变，因此导致影响效果不理想。

第三节　动力提升策略

通过仿真优化,本研究发现,高校作为服务城市经济、培养应用型人才、促进学习型城市建设的主要力量,面对当前遇到的瓶颈,可以从以下几个方面应对:

一、响应社会需求,实践示范引领

要以敏锐的战略眼光捕捉经济发展前沿趋势,注重终身学习的卓越创新驱动。高校要依托自身学科优势,在"全球视野"中聚焦各个高校所在城市经济建设新机遇与新挑战,提高对社会发展动态的辨识力,创新驱动各行业、企业、从业人员的终身学习需求,使城市终身学习文化活力与经济活力同向共进、协同发展,彰显出高校作为我国特色高端人才培育与激励的"高地"作用。

首先,各高校应加快人才培养的思想创新、理念创新、方法创新和技术创新,改进人才培养的创新模式,着力建设高水平教学体系,推进课程内容更新,推动课堂革命,大胆改革、加快发展,持续深化创新创业教育改革,形成领跑示范效应。其次,通过强化理论创新为社会实践活动提供理论指导,为学习型城市建设构建理论基础,探索运行机制、制定实施路径，从理论层面为学习型城市建设提供指导。高校通过技术创新的手段在一定程度上解决科研机构所面临的技术瓶颈，帮助科研机构更好实现科研成果转化，提升企业的科研成果转化使用率，提高整个社会的生产力水平，直接为推动学习型城市建设提供支持。最后，率先建立学习型组织，在建设学习型城市中发挥标准的示范作用。高校教师与行政工作者要以身作则，倡导终身教育、终身学习的理念，培养终身学习的能力，为社会做好榜样示范；在学校组织形成崇尚学习的良好气氛，组织好广大师生做到全员学习。发挥高校、新闻媒体的宣传作用，宣传终身教育、终身学习的学习理念，努力构建倡导终身教育体系；传播全民学习、注重创新的学习文化，大力宣传创建学习型城市的重要作用。

二、贯彻政策制度，提升服务能级

要支持教育者的自我更新与学习者的自我实现，提升终身学习的卓越服务能级。我国高校要考察解析终身教育者的发展现状、发展瓶颈与发展途径，以及终身学习者的学习特点、学习方式与学习空间，以人为本，使高质量的学习支持服务系统高度融合于各地区高校，打造具有世界影响力的社会主义现代化城市体系，营造出具有全球竞争力的"高质量终身学习解决方案"，确保终身学习相关政策及法律法规顺利落实，构建良好社会舆论导向促进全面参与学习型城市建设，刺激高校参与学习型城市建设，促进高校所在城市市民终身发展与成长品质，发挥出高校作为高深知识传承、生产与创新的"平台"作用。

首先，围绕开放教育资源开展积极探索，大力推进"互联网＋教育",减少教育在空间和时间上的限制,提高高校网络教育的覆盖程度,打造智慧课堂、智慧实验室、智慧校园,加大包括慕课在内的各式网络教育平台开放力度,大力开展培训工作,提升教师使用这类信息化平台的使用水平,实现不同主体之间教育资源的融合开放程度,最终实现整个社会层面教育资源的高度共享。其次,强化高校的科技创新活动与产业界的衔接,鼓励教授、专家开展科技咨询,走出校园直接服务社会,建立专门的技术转移机构,搭建技术转移平台等措施服务于学习型城市建设。再次,因时而进、因势而新,积极扩大对外交流合作,主动服务"一带一路"建设,汇聚育人合力,培育符合时代要求的、具有浓厚高校特点和时代担当责任的高素质专业人才。最后,加大高校对社会、企业的智力输出与服务力度,在承担智力输出等社会责任的同时传播学校的文化理念和教育精神。

三、营造文化氛围,增益利益主体

要挖掘中国本土文化中的终身学习思想,开展基于此前本土学习型城市建设经验的卓越理论研究。我国高校要借鉴国际终身教育的前瞻视野,立足中国终身学习思想文化,萃取有成效的卓越学习型城市建设实践智慧,凝练本土终身教育领域卓越理论,为建立有中国特色的终身教育理论体系与话语体系提供支撑,为健全终身教育政策法规的制定与颁布提供决策咨询,营造优秀终身学习精神文化氛围,形成并完善包括学校章程、学校发展规划和激励制度在内的高校制度文化,积极对高校所在地城市终身学习体系构建产生正向影响,开拓出高校作为参与城市发展与治理的"智库"作用。

首先，落实和扩大高校办学自主权，赋予高校足够的自主办学权力，促进高校未来的自主化创新发展。制定学习型城市建设工作者岗位职责规范并开展相关的岗位培训，在编制、待遇、职称等方面制定相应的奖励措施，寻求高校引领的内生动力和政府政策导向之间的合力，力求达到社会需求量与高校承受点之间的平衡。其次，要将高校按照国家主题功能区进行定位，充分考虑高校所处地区的经济环境和社会环境，将经济链、城市群和产业链与高校发展规划相结合，构建符合地方特色和发展良好的高等教育集群，充分发挥高等教育的规模效应，最大化"集聚—溢出"效应。将服务区域经济社会发展作为目标导向是高校未来发展的导向之一，加强与所在城市和社区之间的联系，优化互动机制，增强高校的"自我造血能力"，激发内在动力，构建内生机制。最后，将社区、城市作为实践体验基地，将社团活动、讲座等服务作为学生的实习课程，让广大师生传播先进的新思想、新知识和新文化进入社区和城市，拓展大学生的活动空间，提升大学生社会实践与创新能力，既能完成理论到实践的升华，又能实现大学的社会担当，提升高校的社会影响力。

四、构建交流平台，加强互联互通

《斯坦福大学2025计划》中的"开环大学""自定节奏的教育""轴翻转""有使命的学习"四个核心设计着眼于构建"以学生为中心"的自适应成长体系，对接来自校园内外部的挑战、技术与需求，依照人才成长规律对高校具体发展规划进行调整，充分整合当地资源，发挥出高校自主的创造性作用，最终构建符合时代要求的创新型人才培养平台。

加强与全球学习型城市的交流，分享和借鉴学习型城市建设的有益经验，提升我国学习型城市建设成效的卓越国际影响。当前的时代背景是经济全球化，同时高等教育也伴随着国际化而取得进一步发展，因此本土高校要不断提高与全球学习型城市网络成员国之间交流的频率与深度，在国际舞台上围绕学习型城市建设构建现代化城市功能体系，使国内各地区学习型城市建设的优秀成果不断得以传播与发展，使世界更好地了解中国，凸显出高校作为全球终身教育合作与交流的"桥梁"作用。

首先，深入推进产教融合、教科结合，充分发挥高校的教育、学习、培训功能，完善高校同社会各类机构的协同育人机制，在办学、育人、就业和发展上构建长期良好的合作关系。其次，整合校内资源，打通各级各类教育之间的鸿沟，并且有针对性地对于不同群体开展不同主题的教育活动，为创建学习型城市提供大力支持。再次，搭建从非正规教育进入正规教育的桥梁，高校本身掌握丰富资源，这些优势资源可以满足更多不同岗位、层次和年龄对象的教育需求，进一步开展专业教育培训和非学历教育等活动。最后，大力开放学校教育资源，服务社区教育，加强沟通职业教育与普通教育之间的问题，为各级各类教育的互通构建联通渠道。

〔**本章小结**〕

本章通过 Vensim PLE 软件，以 G 市统计数据和 G 大学年鉴数据为例，通过基于系统动力学的高校参与学习型城市建设动力模型模拟仿真，并对优化仿真结果进行了分析，从响应社会需求、实践示范引领、贯彻政策制度、提升服务能级、营造文化氛围、增益利益主体、构建交流平台、加强互联互通四个方面提出了高校参与学习型城市建设动力提升策略。

第六章

动力机制的构建

本研究主要讨论高校参与学习型城市建设的动力机制，不仅回答了高校参与学习型城市建设动力的动因和动能是如何产生和运作的，而且分析了高校如何在学习型城市建设方面最大限度地发挥出自身作用，探讨了高校参与学习型城市建设动力如何随高校所处环境因素的变化而变化。高校参与学习型城市建设的动力是高校内外部环境因素共同作用的结果，内外部环境因素彼此相互作用，最终形成一个综合而完善的总体环境。那么这些动因如何转化为动力呢？如何强化的？如何可持续的？换言之，在讨论高校的动态机制参与学习型城市建设的过程中，关键是要深入分析和总结高校参与学习型城市建设的机制和规律，发掘这一过程形成和变化的驱动力，为了在之后真正意义上提供可以帮助高校更持久参与和持续改进的具体策略，为高校参与学习型城市建设的动力提升问题提供针对性建议。前文从高校的外部和内部环境两个层面分析了高校参与学习型城市建设的动力影响因素，模拟了这些动力是如何产生和进一步发展的，并选取案例进行了仿真，对仿真结果进行了分析。高校内生动力的影响因素主要包括章程规划、机构人员和激励制度等方面，这些因素在一定程度上体现了高校参与学习型城市建设的内在动力。相应地，我们也需要从微观角度去分析这些动力影响因素的作用机制，即高校参与学习型城市建设动力的内生机制。高校所处环境的政治、经济、社会和技术四个方面共同作用，进而引起高校参与学习型城市建设动力的产生和变化，分析这些外部因素动力作用的机理，就是阐明众多外部影响因素的驱动机制，即外驱机制。高校参与学习型城市建设动力的可持续机制的作用有三条路径：一是终身学习的理念为高校所接受，并潜移默化地对学习型城市建设产生积极影响，促使自觉力形成；二是通过学习型城市建设的成效间接影响高校，让其切身感受到学习型城市所带来的益处，从而更主动地参与学习型城市建设，进而影响学习型城市建设的自律力；三是高校在自觉力和自律力的基础上，根据学习型城市建设所带来的益处自动调整政策、制度和任务等因素，使其与学习型城市建设的进程和需求相适应，以取得最佳的效果，即自适应机制。

第一节　高校参与学习型城市建设动力的内生机制

高校内部动力影响因素向内生动力不断转变的实现过程，与高校参与学习型城市建设动力的内生机制的作用过程是同步发生的，是高校实现自身参与学习型城市建设的关键。高校参与学习型城市建设的内在动力能否产生，主要取决于高校自身的发展情况，高校内生动因与外部因素的需要在高校具体环境下实现有机结合，最终实现内生动力向其他有利方面的转化。在这一过程中涉及影响因素是什么、影响因素的权重以及影响因素之间的关系等问题。此外，这还需要考虑不同影响因素之间的交互作用，只有在综合考虑不同两者之间交互作用的基础上，才可以正确认识到其中的因果关系，正确认识高校参与学习型城市建设这一问题的本质。

一、高校参与学习型城市建设动力的转化机制

"我要参与"是高校参与学习型城市建设动力的内生机制作用最好的体现，"我要参与"的主体是高校，参与这一行为最初的动力是由高校从内部产生的，这也是产生内生动力的前提。"要参与"表明高校参与学习型城市建设行为是带有主动性特点的，是基于高校章程、规划、机构设

置、需求和任务等而自然生成的行为,这种内生动力的强弱程度决定了参与的强度和持久度。内生动因的种类越丰富、耦合越紧密,内生动力表现也会越强,即高校章程越明确、机构设置越合理、规划越完善和任务越恰当,则参与学习型城市建设的动力越强劲;反之,则内生动力越是缺乏。

学校章程本身与"法"这一概念存在诸多相似特征,二者之间存在许多共同点,均是通过民主方法制定出的规范性文件,并且要在遵循法律这一前提下,是公法领域的法。它规范大学依法履行教育职能,并设定了大学的目标,通过一系列详细说明和明确规定,对高校的参与者起到约束性和指导性的作用,使大学内各种行动具有可约束性和一致性;它也是大学组织行动的模板,彰显着高校自身特定的精神、传统、气质。基于此,高校章程是高校参与学习型城市建设内生动力的精神源泉,当其中包括终身学习或学习型城市等词条表述时,高校必然会制定相应规划,出台相应的政策,设置相应机构、配套人员、配置经费和相应的激励制度,采取相应措施等。至此,高校已经完全具备了参与学习型城市建设的原动力。

另外,从高校"要"的角度进行分析,"要"得越迫切、强度越高,其转化的动机就越强,自然转化的内生动力就会越强。根据前面系统动力学的分析结果,当高校的终身学习理念贯彻程度不高时,"要"是基于本能反应,虽然具备参与的原动力,能够作出"规定动作",但也可能是受到外部力量(上级政策或任务)驱动,缺乏创新性和持续性,导致动力不足的情况出现。类比于马斯洛需要层次理论,自我实现需求是人的最高层级需求,高校作为人的组织集合体,其自我实现需求在一定程度上也意味着个人和高校最高层次的发展目标是实现终身教育和完成教育事业,即自我实现需求。因此,高校的内生动力是高校参与学习型城市建设过程中最为明显的动力。

二、高校参与学习型城市建设动力的交互机制

从系统的角度看,高校参与学习型城市建设内部动力的形成是多方面共同作用下的产物,而不只是单一动力的作用效果可以实现的。基于本研究选取的"上海经验"和深度访谈数据,在扎根理论的应用过程中,本研究发现:学校章程、专门发展规划、专门机构设置、专职人员配备数量、专项经费投入、学校评价激励机制是生发内部动力的基础性因素,在终身教育(学习)理念的"催化"作用下生成了高校参与学习型城市建设的内生动力。本研究已经在前文对单一动因转化为动力进行了仿真分析,并对其在高校参与学习型城市建设动力的形成机理作了详细阐述。它们之间又是怎样相互影响的?又有着怎样的关系?又是以何种方式共同作用于高校参与学习型城市建设形成合力的?

高校参与学习型城市建设的内部动力是在各种因素的综合作用下形成的合力,而各种因素之间的相互作用是动态变化的,因而该动力也是动态变化的。为了实现更好地建设学习型城市,高校要在章程中予以明确,并且制定发展规划和目标,这就要求学校从顶层规划,通过目标的设定来不断推动建设进程。有了目标,就会去分解任务,落实责任,并在实践中去追求目标达成。各类需要也会在这一过程中产生,例如机构设置的需要、教育资源调配的需要和经费投入的需要等,无论哪种动机本身会伴随着具体的需要而产生,最终又转化为动力。另

一方面，激励手段需要被应用于高校参与学习型城市建设过程中，激励可以为参与者带来实践反思这一行为，激励参与人员不断地进行自我提升，使之具备更高的素质去应对即将到来的挑战，进而优化未来规划、提升管理水平、完善评价激励机制和提高参与积极性，进而激发更强的参与动力。理念和认识的提升，有助于高校在参与实践中发现自身的不足，包括理念不到位、制度的缺失、机制不健全等。不足的暴露既是评价激励的成效，又是实践反思的结果，通过评价、反思方能不断改进提升。不断反思提升的过程，就是各动力影响因素间的博弈与互动的过程。

第二节　高校参与学习型城市建设动力的外驱机制

一、高校参与学习型城市建设动力的制度驱动机制

小智治事，大智治制。制度一般是指使用规则或操作方法来规范个人行为的社会结构，它包含着社会的价值，制度的运行就是对社会秩序的尊重。系统是由具有目的性和有价值判断的人所构建的，用来调节和影响系统中人的行为。同时，制度是人为设计的，是主观的，具有一定价值取向，这个系统对不同人究竟是好是坏，需要依据每一个人的具体特质才可以作出判断。按照社会普遍的道德准则标准，好的制度被认为是与大多数个人利益一致的制度，反之亦然。一个好的制度具有激励作用，使人们采取积极的行动，对这个系统的未来发展产生积极影响；一个不好的制度对人有约束力，尤其是消极的约束力，因而会对这个系统的未来发展产生消极影响。

推动高校参与学习型城市建设的一个重要方面，就是需要提升政策法规制度建设的重视程度。深刻把握时代和潮流，在更加突出的位置上摆放制度建设和治理能力建设这些事业，进而定型各方面制度，使之更加成熟与完善，这是把学习型城市建设推向前进的根本要求，是提升参与动力、赢得主动的有力保证。对高校参与学习型城市建设而言，"要参

与"可以说是制度强化作用的最直接表现，制度提出"要"，高校是被要求的对象，"参与"是制度提出的行为，需要对参与者具体需要完成何种工作、以什么样的方式去完成工作、如何指导工作和如何设置奖惩激励制度等方面进行关注，并且给予物质和精神上的支持。同时，制度可以规范化工作程序、法规化岗位责任、科学化管理方法，对高校参与学习型城市建设活动的开展可以从多方面产生积极影响。

制度强化动力的进一步表现则是在"要参与"的基础上升级为"更要参与"。之所以在这里再次强调"更"这个词，是因为学习型城市建设早已成为高校响应时代号召的必然道路。从本质来说，高校对学习型城市建设本身就存在较高的内在需求，有较强的参与学习型城市建设的愿望，具体表现为较强的内在动力。在这种情况下，高校因为制度而获得了更好的参与条件，大多数高校参与学习型城市建设事业的参与者则更加深刻意识到"建设学习型城市的价值"，使得制度设立的具体倾向与高校自身需求保持高度一致性，最终两者形成一种合力，增强了现有高校参与学习型城市建设的动力。

二、高校参与学习型城市建设动力的需求驱动机制

皮亚杰关于建构主义的基本观点：认知是通过一种建构过程形成与进一步发展的，主要涉及平衡、顺应、同化和图式等几个方面。图式是指个体已有的认知结构；同化是指把新信息整合到已有的图式中；顺应是指原有认知结构无法同化新信息时所引起的认知结构发生重组与改造的过程；平衡是指个体通过自我调节机制使认知发展从一种平衡状态向另一种较高平衡状态过渡的过程。建构主义学习理论强调在实际任务中

进行不断学习,参与应该主动学习而非被动接受,学习不仅仅是由外而内的传递和转移知识,更是积极建构知识和经验、丰富和充实自身知识能力的过程。

本书所指的"需求驱动机制"就是在建设学习型城市的过程中,高校紧紧围绕一个共同的外部需求为中心,在强烈的外部需求驱动下,通过积极调动保障资源,充分运用制度进行自主探索和互动协作的过程。它立足于建构主义理论基础,要求"需求"的目标性和保障条件的创建,在这个过程中,高校还会不断地获得成就感,可以更大地激发其参与欲望,逐步形成一个良性循环,从而打造出自觉且不断强化的参与动力。具体的机制运行机理如下:

(一)情境创设(模型构建):构建高校参与学习型城市建设的影响因素模型,使高校各参与方能够清楚地知悉学习型城市的需求情境,使建设学习型城市的任务更加直观和具象化,唤起已有认知结构中有关的知识、经验及表象,更能有效地激发内生动力,从而利用有关知识与经验去"同化"或"顺应"学习型城市,实现需求驱动、强化动力。

(二)确定问题(分解需求):在建设学习型城市的情境创设后,根据学校发展规划和部门架构,各个参与主体根据自身职能、业务范畴和角色定位明确需求分工,然后制定工作目标,拟订工作方案,开展任务活动。

(三)自主与协作:高校各参与主体根据分解的问题(需求)作为下一步工作的中心内容,在问题(需求)的指引下,调动资源和积极性,解决面临的现实问题(需求),有助于高校更主动、更广泛地激活原有知识和经验,推动理解、分析并完成建设学习型城市的任务。积极倡导参与主体之间的讨论和交流,通过不同观点的交锋,补充、修正和加深对问题（需求）的解决方案，最终通过问题（需求）的解决来建构认知和影响力。

（四）评价激励：对学习型城市建设成效的评价主要包括两部分内容，一方面是对高校各参与主体是否完成当前问题的解决方案的过程和结果的评价，另一方面是通过过程和结果评价激励其更好地投入学习型城市建设中，构建良性的循环。

第三节　高校参与学习型城市建设动力的可持续机制

保持健康积极的动力状态和持续向上的参与动力，是高校参与学习型城市建设的立足点，也是高校参与学习型城市建设所追求的最高目标。这种动力机制具有持续性的特征，大致包括三个方面的特点：一是动力具有高度自觉性，即外在因素驱动会刺激动力更进一步地增长，而终身教育理念中自觉行为的表现则在更大程度上影响这种动力。因此，这种动力具有长效性、自觉性和主动性等特点，也是该种动力的基本保证。二是动力具有相对稳定自律性，即动力受个别事件和外部因素影响波动不大，明显的拐点或断点是不存在的。三是动力具有总体的持续自适应性，即动力具有一定的波动性，对事物的影响呈现波浪涌动，在这种动力下，发展趋势由弱到强，当然，也不排除个别因素影响造成的小幅度震荡，但总体上持续向上推进，前文系统动力学分析模拟仿真的过程中也出现了类似的情况。简言之，高校参与学习型城市建设的持续动力机制包括基于理念内化的自觉机制、基于理性判断的自律机制和基于广泛裨益的自适应机制，其精髓在于"内化于心、固化于制、外化于行"。

一、基于理念内化的自觉机制

"理论，观念。通常指思想，有时亦指表象或客观事物在人脑里留下的概括的形象"和"看法、思想、思维活动的结果"，这是《辞海》对"理念"的解释。杨国荣认为，理念就是"在经过知与行的长期认知过程后，普遍的价值原则或行为准则在为个体所自觉接受，成为类似'第二天性'的习惯性观念，并逐渐融合内化于个体的内在意识中。基于习惯性观念和意识的个体行为，也每每取得不思而为、不勉而行的形态"[1]。"内化于心"就是塑造高校的灵魂，更是在精神激励、思想启迪、目标参与、理想感召、心智开发和价值追求等方面进行灵魂塑造。将终身教育理念内化，主要是指以构建终身教育理念体系为重点来培育高校核心发展理念，通过章程、规划和氛围等潜移默化地融入到每个学习型城市建设主体的血脉中，重在树立终身教育的思维方式和价值取向，以此促进思想解放和观念创新，从而成为高校前进的指路灯和驱动力，并为推进学习型城市建设提供正确导向和精神动力。

"思想是行动的先导，认识是行动的动力。"解决思想问题就是解决方向和动力问题，就是解决最根本性的问题，如果没有正确的理念，就很难有正确的行动方向，"内化于心"为其打下了良好的基础。对高校而言，终身教育理念被每个参与者都内化到各自的心智中，它有意识地、无声地、无形地影响着参与者的行为，行为主体不需要意志和努力就能自然地行动，最终成为一个自觉有序的行为集合。高校这一主体有意识地、自发地利用以往教育活动中所学到的习惯、常识、观念、经验和传

---

[1] 杨国荣：《人类行动与实践智慧》，生活·读书·新知三联书店2013年版，第48—49页。

统等因素影响着每个学习型城市建设的参与者，耳濡目染习得的"终身教育"和"学习型城市"的理念认同，当这些理念和习惯被高度内化成原动力，继而成了自觉的动力。

二、基于理性判断的自律机制

当我们面临新的理念或事物，又不能准确预知结果而感到不适时，我们就需要理性判断的介入，基于理性判断才能作出符合需求的反馈，表现为理性认知、评价和判断，这种理性判断和反馈则是行动自律动力的基础。"固化于制"是自律动力机制关键。俗话说，"没有规矩，不成方圆"。坚持"固化于制"重在建立基于理性判断的行为准则和岗位规范，以此促进体制创新和动力提高。新的观念、原则和规范只有被个体自觉地认可、理解、肯定和接受，才有可能对个体的行为产生规导，进而产生理性判断和情感转换，这时个体的动机才可以被新的观念、原则和规范现实地激发，最后转化为个体的动力。

第一，根据在学习型城市建设中关键岗位领导所肩负的重要责任使命和推进各项工作的决定性作用，着力加强学习培训和管理考核，狠抓质量建设，推动领导干部统揽全局能力、榜样作用、决策管理水平和理论政策修养不断提高。第二，依据共产党员的党性原则和先进性要求，在领悟"四个意识"、坚持"四个自信"和做好"三个表率、一个模范"基础上，坚持抓好党员教育。同时把业绩突出、工作出色的优秀教职工吸纳到党内来，促进党组织战斗堡垒作用和党员先锋模范作用的不断增强，增强党组织的凝聚力和战斗力。第三，根据广大职工在高校管理和建设中的主体地位，坚持以维护合法权益、发挥主人翁作用为重点，促进职工积极性、创造力不断提升，努力为全体教职工搭建施展抱负、实现人生价值的舞台，使其在参与学习型城市建设的过程中得到充分实现。第四，根据人才在经济发展、科技创新和综合竞争中的突出作用，以及人力资源向人力资本转变的客观要求，坚持以建立智力型、学习型、创造性、复合型队伍为目标，强化人力资源的优化配置，建立有效的激励机制，营造尊重人才、知识、创造和劳动的氛围，促进高校竞争力的不断增强。

一旦经过理性判断并被接受，这些观念或规范可以被划分为"有利的"或者是"有益的"，不同的目的取向就会由不同个体产生，价值意义也会被赋予个体的具体行为，个体行为的理由和基础便是这种价值意义。这也是进一步认可终身教育理念和产生自律力的内在机制。

三、基于广泛裨益的自适应机制

"自适应"一般是指按照环境的变化，调整其自身使得其行为在新的或者已经改变了的环境下达到最好的特性和功能。霍布斯在《利维坦》中强调每个人都追求自己的利益，这是人的本性。洛克、孟德维尔、休谟、孟德斯鸠等人都不同程度认同霍布斯的观点，并认为每个人都追求自己的利益便能推动社会的整体进步。但该观点从来都没有缺少过反对者，赫伯特西蒙用"有限理性"和"满意利润"进行了补充，加里·贝克尔把社会生物学引入经济学希翼以此打破利己与利他的恒久对立，通过"效用最大化"将个人利益泛化到人类生活的方方面面。"外化于行"是高校参与学习型城市建设的抓手和落脚点，就是要建设学习型城市的利益相关者在系统博弈过程中达到自适应的平衡，从而提高工作效率和建设成效，以此促进利益相关者的共同进步，并为学习型城市建设提供加速度和驱动力。高校参与学习型城市建设的动力生成是由众多利益相关者复杂交互、系统作用的结果，其中教职工、高校、社会（城市）等作为主要的利益相关者对生成后的动力产生影响，从而使动力发生变化，这种变化的实质就是利益相关者系统博弈与自适应的结果。

弗莱克斯纳认为，高校作为社会（城市）的组成部分，会随着社会的变化不断地调整自我，使自身适应真实的需要，大学的这种"适应"是各个国家具有不同模式大学的原因，这种调整大部分时间会滞后于社会的发展，但有时这种调整会领先于社会的发展。[①]"现代社会无不是扎根于过去，正是过去的各民族诗人、科学家、思想家为今天的大学积累了社会的、政治的以及各方面的真、美、智慧与经验的宝藏。无论社会和大学如何变化和进步，'过去'都是社会和大学赖以生存的根基。"[②]人类的思想文化在很多时候需要由高校进行保护和继承，表现出一定的保守主义特点，对社会变化的反应不够快，最后呈现出"落后"这一特点，对于高校参与学习型城市建设这类新事物反而会造成一定消极影响。高校处于社会（城市）的大系统之中，冲突和矛盾是客观存在的，且因为冲突矛盾而形成一种不稳定的关系状态，与其他子系统的协调型冲突和平衡型冲突是由它们之间的相互依赖关系决定的。在调节这两种矛盾的过程中，高校也可以从中找到自己的发展契机。高校的"适应"与"落后"是有机统一的，也是高校与社会（城市）动态的自适应机制过程。

---

① 张立娟:《大学与社会的关系——弗莱克斯纳〈大学：美英德研究〉释析》,《大学教育科学》2016年第11期。
② [美]弗莱克斯纳:《现代大学论——美英德大学研究》,徐辉、陈小菲译,浙江教育出版社2001年版,第2—24页。

教职工是高校赖以生存与发展的重要资源，教育事业最不可或缺的因素就是教师。在均衡各种资源的前提下，树立"以人为本"的管理理念，学校围绕终身教育理念，创造良好的工作和生活环境，高校乃至整个城市的未来发展空间也会逐渐增大，教职工的职业幸福指数和自信程度也会随之提高，教职工投身于学习型城市建设的教育教学行为会更加具备能动性和创造力，这一微妙而强大的力量，将对学校各项事业的发展产生重大影响，可以说，高校各项事业的发展水平由教职工所决定。均衡配置高校的教育资源，是指教育资源在空间和时间上都得到公平有效的配置，可持续高效发展的资源都能够被所有教育事业平等均衡地获得，并且利用其实现自身效益最大化，这一过程就是高校与教职工动态博弈的自适应机制过程。

无论是社会经济发展对学校人才培养质量的要求，还是学习型城市建设和国民素质提高的重要任务，抑或是国家教育改革以及师资队伍建设的战略任务，都要求教职工终身学习。这既是社会的要求和压力，也是社会给予的强大外部动力。当教职工意识到社会经济发展趋势、国家教育改革和学校人才培养等对其自身的要求并对自己的观念和行为产生影响时，社会（城市）的宏观力量就发挥了作用，教职工便会循着社会发展的方向和学校的要求努力。同时，我们每个人都深度融合在社会（城市）之中，当我们生活的社会（城市）环境发生变化时，我们会因为环境适应问题而感到恐慌，周围人将会采取的行为无法被我们所预测，因为我们应对新环境的适应程序没有到位。此时，个体理性思维必须参与评判环境变化对个体带来的影响，表现为对环境变化和他人行为改变的理性认知、评价和判断，只有经过理性判断并得出对自身有益的结论后，我们才能作出符合环境要求的行动。需要强调的是，他人的认同和赞扬需要通过理性分析和判断所决定的某些行为去得到，这种反馈可以加强个体的环境适应能力。宏观来看，这是一个群体的适应过程，既是社会的自适应，也是教职工个体和社会（城市）自适应的内在机制。

〔**本章小结**〕

本章基于前文研究构建了高校参与学习型城市建设的动力机制：由转化机制和互动机制构成的内生机制；由制度驱动机制和需求驱动机制构成的外驱机制；由理念内化的自觉机制、基于理性判断的自律机制和基于广泛裨益的自适应机制构成的可持续机制。

第七章

结论与展望

通过深入分析"上海经验",基于组织环境理论模型分析框架,运用扎根理论对高校参与学习型城市建设动力影响因素进行提取,最终抽象出30个概念、7个范畴和2个主范畴,形成了高校参与学习型城市建设动力影响因素模型,进而构建了基于系统动力学的高校参与学习型城市建设动力模型,并对其外部和内部子系统进行了概念界定,模拟了各子系统关键影响因素的变化对高校参与学习型城市建设动力的影响,并通过调控部分参数,进行仿真模拟和系统动力学优化。

第一节　高校参与学习型城市建设动力影响因素

———◎———

一、从系统总体的角度看，高校参与学习型城市建设初期发展相对较为缓慢。即使投入相应资源、加大宣传、增加人力物力，效果都不太明显，但其初始的发动作用不可忽视，它为高校参与学习型城市建设动力埋下希望的"种子"，提供了生长的"土壤"，为之后动力的"生根发芽"进一步提升打下基础。当投入达到一定量的积累并突破临界后，量变会引发质变，投入的一系列资源转化为高校参与学习型城市建设动力的效率将大幅提升，这也意味着高校参与学习型城市建设的初期工作会较为艰难，需要各利益相关方的持续发力，尤其是政府的大力推动和政策加持。在高校参与学习型城市建设动力得以提升之后，会有一个快速持续的增长期，建设成效也会大幅提升，但随着时间的推移，动力增速会逐渐趋向于零，意味着高校参与学习型城市建设动力存在上限值，不可能无限提升，需要合理调配教育资源，以确保实现最大化效益。

二、从外部环境视角看，良好的政治环境对高校参与学习型城市建设动力的提升效果最为显著。有力的政策保障和浓厚的舆论导向可以规范并引导高校积极参与学习型城市建设，因此，需要政府有关部门积极正确发挥政策和舆论的引导作用。经济环境对高校参与学习型城市建设动力的提升效果仅次于政治环境，经济环境的良好发展能提升社会的经济发展水平，带动企业和个人的消费能力，进而提升企业和个人在教育上的投入意愿，为高校参与学习型城市建设提供巨大市场。社会环境和技术环境对高校参与学习型城市建设的动力影响虽相对滞后，但后期影响力明显，社会发展与新技术出现将会是高校参与学习型城市建设进程的催化剂，能够快速提升参与动力，加速学习型城市建设。

三、从内部环境视角看，文化环境对高校参与学习型城市建设动力的影响最为显著。这就要求高校必须树立终身学习理念、重视制度建设、做好发展规划、加强终身学习文化氛围的营造。囿于高校人力、物力等教育资源的局限性，物理环境与心理环境影响的仿真结果不是很显著，但它们是高校参与学习型城市建设的基础保障，其基础性的作用不容忽视。

四、高校的外部环境和内部环境同为高校参与学习型城市建设动力的重要组成部分。总体来看，尽管外部环境相对于内部环境对高校参与学习型城市建设动力的影响更明显、更直接，但彼此之间相辅相成，既相对独立，又共同作用于高校和学习型城市，最终形成良性发展的闭环路线，在循环作用下呈现出不断上升的趋势，共同激发高校参与学习型城市建设的积极性、主动性、创造性和可持续性，推动学习型城市建设。

第二节　高校参与学习型城市建设动力提升路径

一、聚焦终身教育是高校参与学习型城市建设的力量之本

第一，立足中国终身学习思想文化，探究学习型城市建设中的实践逻辑与现实问题，汲取学习型城市建设的实践智慧与理论精髓，凝练中国特色的终身教育理论体系与话语体系，激发社会各界对学习型城市建设的广泛关注；第二，汇聚终身教育决策者、终身教育研究者、终身教育管理者和终身教育参与者等多元群体，充分发挥高校理论参与学习型城市建设的作用，为健全终身教育政策法规的制定与颁布提供决策咨询；第三，夯实人才培养第一要务，通过对在校师生、在职人员和广大市民素质的培养与提升，构建学习型城市建设的专业人才培养体系，为汇集学习型城市新势能、培育学习型城市发展新态势，注入创新型人才、发展性人才和国际化人才。

二、构建终身教育体系是高校参与学习型城市建设的活力之源

第一，要把握时代发展脉搏，捕捉经济发展趋势，响应社会现实需求，依托自身学科优势，注重终身学习的创新驱动，将学习型城市建设

由实践升华为理论，彰显高校作为高端人才培育与激励的参与作用；第二，积极开展学历继续教育、老年教育、社区教育和在职人员教育，丰富教育服务形式，运用现代技术手段为广大学习者提供更便捷的教育服务，激发市民终身学习的兴趣与热情；第三，要进一步激发终身学习者潜能、拓展终身学习生态空间、构建终身教育体系、领跑全球学习型城市网络，从理论研究、任务驱动、资源共享、机制构建、国际影响等方面着手，努力实现学习型城市建设的高起点、高质量和高视界。

三、共享资源与转化成果是高校参与学习型城市建设的发展之魂

第一，持续深耕社区教育、老年教育、继续教育等终身教育领域研究，其研究成果直接服务于学习型城市建设，既为终身学习者的专业能力提升提供课程资源与学习渠道，又可以实现高校智力优势与学习型城市建设双向赋能，为可持续的学习型城市建设提供"加速度"；第二，通过掌握学习型城市发展现状、瓶颈与途径，以及终身学习者的学习特点、学习方式与学习空间，通过以人为本的高质量学习支持服务系统支持学习型城市建设，促进市民终身发展与可持续成长；第三，在经济全球化与高等教育国际化深化发展的时代背景下，高校要不断提高与全球学习型城市网络成员国交流的频率与深度，在国际舞台上围绕学习型城市建设讲好中国故事，使国内学习型城市建设的优秀成果不断得以传播与发展，学习和借鉴国外学习型城市建设的成功经验，凸显出高校作为全球终身教育合作与交流的"纽带"作用。

第三节　研究展望

笔者在研究过程中尽可能围绕高校参与学习型城市建设这一主线开展深入、系统的研究，力求研究的强客观性和高准确度。尽管如此，鉴于笔者学术水平和研究时间有限，研究难免会存在不足，以下几个问题还有待进一步的深入研究：

首先，本研究围绕高校开展研究，作为高校参与学习型城市建设系统动力学分析框架，其对各高校具有一般适用性。考虑到高校有不同的办学类型和办学层次，在进行深入研究时，还可进一步细化并结合高校所处城市因素形成更加全面的分析框架。

其次，本研究从外部和内部两个维度选取对高校参与学习型城市建设动力影响因素进行了分类，并构建了高校参与学习型城市建设的系统动力学分析框架。事实上，在高校内部与学习型城市建设相关的影响因素太多，访谈过程中专家也给出了很多参考，本研究通过扎根理论提取出了相对集中的部分。在模型构建过程中，由于涉及的影响因素众多，本研究选取了相对重要且容易量化的影响因素，没有将全部影响因素反映在因果回路图和流图中，使得系统的精确性存在一定的瑕疵，这在一定程度上影响了模型仿真和模拟结果的准确度，今后还有必要对模型进行完善和补充。

最后，本研究的对象——高校，仅仅是城市系统中的一个子系统，同样也是学习型城市建设过程中的一个分支，所以提出的对策相对于整个学习型城市建设来说还不够全面，期望本研究的成果能够起到抛砖引玉的作用，吸引更多的专家学者参与到该领域的研究中。同时，如何对学习型城市建设这一复杂系统进行系统动力学的仿真模拟，还有待后续进一步的研究和深化。

〔本章小结〕

本章从系统总体的视角、外部环境视角和内部环境视角对高校参与学习型城市建设动力影响因素及影响作用进行了探讨，提出了高校参与学习型城市建设动力的关键影响因素及提升高校参与动力的有效路径，并对后续研究的开展提出了展望。

主要参考文献

1. 英文著作

Abelson, D. E., *Do Think Matter: Assessing the Impact of Public Policy Institutes*, Mc Gill-Queen's University Press, 2002.

Denham, A., British Think Tanks and the Climate of Opinion, London: UCL Press, 1998.

Rich, Andrew, *Think Tanks, Public Policy, and the Politic of Expertise*, Cambridge: Cambridge University Press, 2004.

McClelland, Charles E., *State Society and University in Germany 1700−1914*, Cambridge: Cambridge University Press, 1980.

Ashby, E., *Any Person, Any Study: An Essays on Higher Education in the United States*, New York: McGraw-Hill, 1979.

Smith, James Allen, *The Idea Brokers: Think Tanks and the Rise of the New Policy Elite*, New York: The Free Press, 1990.

Paul Dickson, *Think-tanks*, New York: Atheneum, 1971.

2. 英文期刊论文

Aedo, Angel, "Cultures of Expertise and Technologies of Government: The Emergence of Think Tanks in Chile", *Critique of Anthropology,* Vol.36, No. 2 (June 2016).

Arshed, Norin, "The Origins of Policy Ideas: The Importance of Think Tanks in the Enterprise Policy Process in the UK", *Journal of Business Research*.Vol. 71, No.3 (October 2017).

Assefa, D., "The Role of the World's Top Successful Think-Tanks in the Transformation of Societies: Drawing Lessons to Sub-Saharan African Think-Tanks", *Public Policy and Administration Research,*Vol.5, No.4 (2014) .

Baneriee, R. & Roy, S. S., "Human Capital, Technological Progress and Trade: What Explains India's Long Run Growth", *Journal of Asian Economics,*Vol.13, No. 30 (2014).

Borstelmann, "T. Right Moves: The Conservative Think Tank in American Political Culture since 1945", *American Historical Review*, Vol. 122, No. 4 (2017).

Cohen, Wesley M., Nelson, Richard R. & Walsh, John P., "Links and impacts: The Influence of Public Research on Industrial R&D", *Management Science*, Vol. 48, No. 1 (January 2002).

Liberto, Adriana Di, "Education and Italian Regional Development", *Economics of Education Review,* Vol. 27, No. 1 (June 2008).

Tavoletti, Ernesto, "Assessing the Regional Economic Impact of Higher Education Institutions: An Application to the University of Cardiff", *Transition Studies Review,* Vol.14, No. 3 (2007).

Etzkowitz, H. & Leydesdorff, L., "The Triple Helix-University-Industry-Government Relations: A Laboratory for Knowledge Based Economic Development", *EASST Review,* Vol. 42, No. 2 (1995).

Etzkowitz, H. et al., "The Future of the University and the University of the Future: Evolution of Ivory Tower to Entrepreneurial Paradigm", *Research Policy,* Vol. 29 (June 2000).

Forrant, Robert, "Pulling Together in Lowell: The University and the Regional Development Process", *European Planning Studies,* Vol. 9, No. 5 (July 2001).

Gallié, E. P. & Legros, D., "Firms' Human Capital, R&D and Innovation: A Study on French Firms", *Empirical Economics,* Vol. 43, No. 2 (October 2012).

Lucas Jr, R. E., "On the Mechanic of the Economic Development", *Journal of Monetary Economics,* Vol. 22, No. 10 (1988).

Nelson, R. & Phelps, E., "Investment in Human Technological Diffusion and Economic Growth", *American Economic Reviews,* Vol. 65, No. 2 (1966).

Rashid, A. K., "Efficacy of Think Tanks in Influencing Public Policies: The Case of Bangladesh", *Asian Journal of Political Science,* Vol. 21, No. 1 (2013).

Srinivas, Smita & Viljamaa, Kimmo, "Emergence of Economic Institutions: Analysing the Third Role of Universities in Turku, Finland", *Regional Studies,* Vol. 42, No. 3 (December 2007).

3. 中文译著

[德] 鲍尔生：《德国教育史》，滕大春译，人民教育出版社 1986 年版。

[美] 彼得·圣吉：《第五项修炼——学习型组织的艺术与实务》，郭进隆译，上海三联书店 1998 年版。

[美] 西奥多·W. 舒尔茨：《教育的经济价值》，曹延亭译，吉林人民出版社 1982 年版。

[美] 亚伯拉罕·弗莱克斯纳：《现代大学论——美英德大学研究》，徐辉等译，浙江教育出版社 2001 年版。

[美] 约瑟夫·斯蒂格利茨、[美] 布鲁斯·格林沃尔德：《增长的方法——学习型社

会与经济增长的新引擎》，陈宇欣译，中信出版社 2017 版。

[苏] 斯·尔·科斯塔年：《教育经济学的对象和方法》，丁酉成等译，教育科学出版社 1981 年版。

[英] 阿什比：《科技发达时代的大学教育》，滕大春等译，人民教育出版社 1983 年版。

[英] 托·亨·赫青黎：《科学与教育》，单中惠等译，人民教育出版社 1990 年版。

4. 中文著作

范贤睿等执笔：《领袖的外脑：世界著名思想库》，中国社会科学出版社 2000 年版。

顾明远等：《学无止境 构建学习型社会研究》，北京师范大学出版社 2010 年版。

李旭：《社会系统动力学：政策研究的原理方法和应用》，复旦大学出版社 2009 年版。

厉以宁：《教育经济学》，北京出版社 1984 年版。

秦宝庭：《教育与经济增长》，江西教育出版社 1992 年版。

吴天佑等：《美国重要思想库》，时事出版社 1982 年版。

吴遵民：《新版现代国际终身教育论》，中国人民大学出版社 2007 年版。

叶忠海：《创建学习型城市的理论和实践》，上海三联书店 2005 年版。

朱锋：《领导者的外脑——当代西方思想库》，浙江人民出版社 1990 年版。

5. 中文学位论文

郭瑞：《中国高校智库评价研究》，博士学位论文，华中师范大学，2020 年。

蒋亦璐：《学习型城市建设：理之源与行之路的探索》，博士学位论文，华东师范大学，2016 年。

李江华：《校地共建新型研发机构的协同治理研究》，博士学位论文，华中科技大学，2019 年。

李金：《曲阜市学习型城市建设研究》，博士学位论文，曲阜师范大学，2016 年。

刘哲：《广西高校社会服务职能研究》，博士学位论文，湖南师范大学，2009 年。

彭清华：《高校扩招的经济社会贡献研究》，博士学位论文，中南大学，2011 年。

苏州：《中国特色新型高校智库运行机制、效率与影响因素研究》，博士学位论文，南京航空航天大学，2018 年。

王保宇：《新建本科高校产教融合发展的问题与对策研究》，博士学位论文，华中师范大学，2019 年。

王红霞：《中国特色学习型社会构建研究》，博士学位论文，深圳大学，2017 年。

王亚平：《生态文明建设与人地系统优化的协同机理及实现路径研究》，博士学位论文，山东师范大学，2019 年。

谢祥家：《西部地区人力资本积累对技术创新能力作用机制研究》，博士学位论文，云南大学，2013 年。

游小珺：《多维邻近视角下美国高校科研合作的空间演化与动力机制研究》，博士学位论文，华东师范大学，2018 年。

余琳：《西北地区技术创新能力影响因素分析》，博士学位论文，新疆大学，2015 年。

张利萍：《地方治理中的协同及其机制构建》，博士学位论文，浙江大学，2013 年。

赵紫纬：《基于复杂适应系统视角下的学习型城市研究》，博士学位论文，首都经济贸易大学，2016 年。

6. 中文期刊论文

藏鸿雁、徐辉富：《新加坡学习型城市建设理念、举措及借鉴》，《中国成人教育》2018 年第 6 期。

陈斌、张维雅、郑剑：《大学服务城市文化功能探究》，《中国高教研究》2012 年第 3 期。

陈骏：《引领文化是我国大学的重要使命》，《中国高等教育》2006 年第 9 期。

程豪、李家成、匡颖、张伶俐：《反思与突破：学习型城市建设的高质量发展》，《开放教育研究》2021 年第 4 期。

丁煌：《美国的思想库及其在政府决策中的作用》，《国际技术经济研究学报》1997 年第 8 期。

樊小伟：《可持续学习型城市的内涵及启示》，《成人教育》2014 年第 7 期。

范国华：《高校对先进文化创新发展的引领》，《人民论坛》2015 年第 7 期。

冯子芳：《地方应用型本科院校深化产教融合的路径探究》，《管理观察》2016 年第 6 期。

顾凤佳、朱益明：《国际学习型城市评价指标比较：反思与展望》，《开放教育研究》2019 年第 12 期。

顾岩峰：《我国高校智库建设路径探析》，《河北大学学报（哲学社会科学版）》2014 年第 11 期。

顾芸、董亚宁：《知识溢出、高校创新投入与经济增长 —— 基于包含创新部门的新经济地理增长模型及检验》，《科技管理研究》2018 年第 9 期。

郭华桥：《研究型大学智库建设模式与困境突围 —— 基于"学者"使命的视角》，《中国高教研究》2014 年第 5 期。

国卉男、史枫：《改革开放以来我国终身教育政策：价值选择与成效分析》，《中国职业技术教育》2020 年第 10 期。

何海翔：《地方高校应主动融入区域文化传承创新》，《中国高等教育》2015年第3期。

洪宇：《高等教育与区域经济协同发展下的知识转移及包容性增长》，《中国成人教育》2017年第3期。

胡曙虹、黄丽、范蓓蕾、肖刚：《中国高校创新产出的空间溢出效应与区域经济增长——基于省域数据的空间计量经济分析》，《地理科学》2017年第1期。

黄达人、黄崴：《引领社会发展：全球网络化时代大学的使命》，《高教探索》2007年第1期。

黄健：《学习型城市建设：全球目标与地方行动——第三届国际学习型城市大会回溯》，《终身教育研究》2018年第2期。

蒋亦璐、汤霓：《我国远程高等教育服务学习型城市建设探究》，《中国职业技术教育》2021年第6期。

柯文涛：《迈向2050年的终身学习型社会——基于对〈拥抱终身学习的文化〉报告的解读》，《成人教育》2021年第5期。

李凡：《高校社会服务职能评价指标体系的构建》，《中国高等教育评估》2021年第1期。

李汉通、梁海明：《人力资本对我国区域创新贡献的差异性分析》，《湖南科技大学学报》2012年第7期。

李华玲、李峻：《论大学对城市文化的引领功能及其实现》，《国家教育行政学院学报》2012年第10期。

李珺：《学习型城市建设：市民整体素质提升的战略路径——以上海为例》，《当代继续教育》2018年第6期。

林艳华、李进生：《数字化学习型城市评价指标体系框架的构建》，《成人教育》2018年第12期。

刘宝存：《何谓大学——西方大学概念透视》，《比较教育研究》2003年第4期。

刘克勤：《地方普通高校服务区域创新驱动发展探析》，《教育发展研究》2014年第4期。

刘理、赖静：《大学引领功能新探》，《教师教育研究》2010年第3期。

刘琼琼、徐辉富：《瑞典斯德哥尔摩学习型城市建设理念、策略与反思》，《成人教育》2018年第2期。

刘雅婷、叶笑寒、黄健、高小军：《学习型城市建设：全部门与跨部门的协同治理——UIL终身学习国际咨询论坛概述》，《教育发展研究》2019年第1期。

卢彩晨：《改革开放40年来学习型社会建设的政策演进与展望》，《职业技术教育》

2018 年第 11 期。

鲁道夫·施迪希伟:《德国大学的制度结构》,《北京大学教育评论》2010 年第 7 期。

吕薇、季波:《构建"以学生为中心"的自适应成长体系 ——〈斯坦福大学 2025 计划〉对我国"双一流"建设的启示》,《世界教育信息》2018 年第 5 期。

麦均洪、赵庆年:《研究型大学应以思想、理念、价值观引领社会文明进步》,《中国高等教育》2015 年第 7 期。

孟维晓:《高校智库建设的体制和运行机制研究》,《中共银川市委党校学报》2012 年第 10 期。

潘懋元、刘振天:《发挥大学中心作用 促进知识经济发展》,《教育研究》1999 年第 6 期。

钱晓烨、迟巍、黎波:《人力资本对我国区域创新及经济增长的影响——基于空间计量的实证研究》,《数量经济技术经济研究》2010 年第 4 期。

钱旭红、潘艺林:《创新文化 引领未来 探寻大学职能新境界》,《中国高等教育》2007 年第 4 期。

秦惠民、解水青:《我国高校智库建设相关问题及对策研究》,《中国高校科技》2014 年第 4 期。

任靖宇:《论高校文化服务区域经济社会发展的资源配置和运行机制》,《前沿》2014 年第 9 期。

任晓:《第五种权力 —— 美国思想库的成长、功能及运作机制》,《现代国际关系》2000 年第 7 期。

阮慧、郑宏伟:《大力开拓高校为地方社会经济服务新途径》,《中国高教研究》2000 年第 10 期。

沈欣忆、苑大勇、史枫:《新冠肺炎疫情背景下国际学习型城市联盟的教育应对策略及未来展望》,《教育与职业》2021 年第 1 期。

施孝忠:《大学与创新型城市协同发展研究》,《江苏高教》2018 年第 7 期。

侍建旻:《论大学对地方社会文化发展的引领功能 —— 基于大学文化的视角》,《教育探索》2013 年第 11 期。

孙立新、叶长胜:《习近平关于终身教育论述的思想探源、内涵价值及实践推进》,《大学教育科学》2021 年第 2 期。

孙鑫君:《在服务地方中提升高校科研能力》,《宁波教育学院学报》2007 年第 2 期。

孙勇:《赋予大学精神以时代特征》,《中国高等教育》2015 年第 9 期。

谭旭、张磊:《学习型城市建设的异域经验与借鉴》,《职教论坛》2019 年第 4 期。

陶孟祝、高志敏:《国际成人教育的历史足迹与未来展望 —— 基于国际成人教育大会与学习型城市大会的文献分析》,《河北师范大学学报(教育科学版)》2018年第5期。

王东京:《地方高校服务社会主义新农村建设的对策》,《江苏高教》2008年第9期。

王国光:《困境与路径:高校智库服务学习型城市建设的分析研究》,《职教论坛》2019年第9期。

王军超、张亚靖、张倩:《高校人才培养与区域经济发展联动机制建设研究——基于京津冀地区就业吸引力的视角》,《经济研究参考》2016年第7期。

王锡宏:《区域高校社会服务机制的构建》,《山东师范大学学报(人文社会科学版)》2003年第6期。

王旭东、李玉珠:《大学社会服务职能分析》,《国家教育行政学院学报》2014年第11期。

王旭东:《论地方高校社会服务职能的拓展》,《中国高教研究》2007年第8期。

王瑶琪、尹玉:《加快建设高水平本科教育》,《中国大学教学》2019年第5期。

王永刚:《发达国家学习型城市建设比较研究与启示》,《成人教育》2020年第4期。

王永杰、陈家宏、陈光、马跃:《研究型大学在知识创新中的地位和作用》,《科学学研究》2000年第6期。

王元、孙玫璐、程豪:《芬兰艾斯堡学习型城市建设与启示——基于UNESCO框架分析》,《成人教育》2019年第8期。

吴战勇:《地方高校与区域经济创新发展的协同机制研究》,《黑龙江高教研究》2017年第1期。

徐连福、李波:《美国高校服务地方经济文化建设模式及对我国的启示》,《中国成人教育》2012年第6期。

徐小洲、孟莹、张敏:《学习型城市建设:国际组织的理念与行动反思》,《教育研究》2014年第11期。

杨延东、杨道宇:《"五位一体"的高校社会服务功能观——试论中国高等教育的功能创新》,《教育探索》2015年第6期。

杨玉良:《大学智库的使命》,《复旦学报(社会科学版)》2012年第1期。

袁广林:《引领社会:大学第四职能》,《现代教育管理》2011年第1期。

张兵:《论大学文化在社会文化建设中的作用》,《内蒙古师范大学学报(教育科学版)》2014年第3期。

张维梅、刘树忠:《地方高校与区域经济互动发展研究——以长株潭"两型社会"试验区为例》,《国家教育行政学院学报》2017年第2期。

张伟远、许玲、张亦弛:《互联网时代继续教育和终身学习现状及需求——基于北京七个群体的调查研究》,《河北师范大学学报(教育科学版)》2019年第11期。

张政文：《要论大学使命》，《黑龙江高教研究》2009 年第 11 期。

赵沁平：《发挥大学第四功能作用 引领社会创新文化发展》，《中国高等教育》2006 年第 8 期。

周旭清、王思民：《地方高校服务区域经济发展的新思考》，《教育学术月刊》2011 年第 1 期。

周永红、熊洋：《高等教育质量对我国经济发展的影响 —— 基于省际面板数据的实证研究》，《湖北大学学报（哲学社会科学版）》2013 年第 7 期。

朱迎春、王大鹏：《高等教育对区域经济增长贡献 —— 基于省际面板数据的实证研究》，《软科学》2010 年第 2 期。

邹巍、郭辰：《我国新型高校智库建设的现状及其提升路径》，《教育科学》2014 年第 6 期。

附录：访谈提纲

1. 专家基本专长信息。
2. 专家的研究方向、项目经验和管理经验。
3. 您是否了解学习型城市、学习型组织等相关概念？
4. 高校参与学习型城市的建设主要体现在哪几个方面？
5. 您认为高校参与学习型城市建设的主要动力来源有哪些？
6. 您认为高校参与学习型城市建设可以获取哪些好处？
7. 您认为高校参与学习型城市建设关键影响因素应包括哪些？
8. 您所在单位是否存在相关的学习型组织？
9. 您所在高校是否设置了专门机构、配备了专职人员？
10. 您认为目前高校参与学习型城市建设动力不足的主要原因是什么（可从不同的角度进行说明）？
11. 您所在高校对于高校参与学习型城市的保障是否到位（有无合理的规章制度、是否将终身学习写入学校章程等）？
12. 您所在高校目前在参与学习型城市建设中取得了哪些成果（成果主要体现在什么方面）？
13. 您认为高校参与学习型城市建设的边界是什么（高校应做到何种程度）？
14. 您认为高校参与学习型城市建设能对个人、城市和社会产生什么样的影响（这些影响主要体现在哪几个方面）？
15. 您认为高校参与学习型城市建设的对高校发展有什么影响？
16. 现阶段高校参与学习型城市建设出现的问题该如何解决？

后　记

一路走来幸得贵人相助，高人提携，智者点拨，虽才疏学浅但历经艰辛终有小成。所有这一切，首先我要向我的恩师黄健教授表达真挚的谢意。导师严谨的治学态度、实事求是的科研精神、兢兢业业的工作作风、平易近人的为人处世深深影响了我，让我更加清醒地认识了自己，更是让我明确了人生的目标和方向。疫情虽然阻隔了空间，但导师的谆谆教诲始终陪伴在身边，每一次的通话都让我更明晰前进的方向，让我更坚定前进的步伐，让我更明白研究的真谛，也将继续指引我今后的工作、学习和生活。

在写作过程中还得到了何爱霞教授、李中国教授、霍玉文研究员、马焕灵教授、罗宇舟副研究员、邓文勇副教授等老师的帮助和指导；感谢刘雅婷、何佳、高小军、赵艺凡、王佃春、高迪等优秀的师姐、同门、师弟和师妹在我写作期间给予我的无私帮助；数据实验部分得到了周新博、季星成等同学的鼎力相助，在此一并表示衷心感谢！

特别感谢我的父母、妻子和孩子。感谢父母在年迈之际对我和我的小家庭的无私奉献；感谢我的爱人，在家庭、生活、事业和学术上付出了很多很多，也愿你早日博士毕业；感谢我两个乖巧的女儿，你们的懂事和委屈给予了我更多的动力。你们的无私付出，让我能更安心地写作，并给予我继续向前的力量！

陈伟

2023 年 1 月